P9-DWZ-245

EDITORIAL
UNILIT

LOS
5 Lenguajes
del Amor de
LOS Niños

Gary Chapman y
Ross Campbell, M.D.

Publicado por
Editorial **Unilit**
Miami, Fl. 33172
Derechos reservados

Primera edición 1998

© 1997 por Gary Chapman y Ross Campbell
Originalmente publicado en inglés con el título:
The Five Love Languages of Children por Moody Press
Chicago, Illinois

Traducido al español por: Alicia Valdés Dapena

Citas bíblicas tomadas de la Santa Biblia, revisión 1960
© Sociedades Bíblicas Unidas
Otras citas marcadas B.d.l.A. "Biblia de las Américas"
© 1986 The Lockman Foundation
Usadas con permiso.

Producto 495659
ISBN 0-7899-0508-6
Impreso en Colombia
Printed in Colombia

Contenido

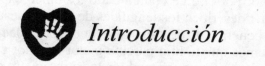 *Introducción*

PARA HABLAR EL LENGUAJE
DE TUS HIJOS

"O ye pana." "Ponte en onda" "Cógelo suave." Nuestros hijos a veces hablan un idioma que, de momento, no podemos entender del todo. Pero cuando se trata de que nuestros hijos comprendan lo que les decimos, tampoco conseguimos comunicarles con claridad lo que pensamos. De todas las formas en que podemos errar al transmitirles nuestras ideas, quizás la que tiene más posibilidades de lastimarlos, es el no ser capaces de comunicarles adecuadamente a nuestros hijos el amor que sentimos por ellos. ¿Puedes tú hablar el lenguaje de amor de tu hijo... y lo hablas?

Cada niño tiene un lenguaje de amor primario o modo de comunicarse, un modo en que él o ella entienden mejor el amor de los padres. Este libro te mostrará cómo reconocer y expresarte en este primer lenguaje de amor de tu hijo, así como otros cuatro modos de comunicarse o lenguajes de amor, que pueden ayudar a tu hijo a saber que tú lo amas. Como veremos, tu hijo y el mío necesitan saber que son amados para desarrollarse como adultos responsables. El amor es la base para que un niño se sienta seguro y crezca hasta convertirse en un adulto amoroso y dedicado.

Los cinco lenguajes de amor de los niños te familiarizará con todos esos cinco lenguajes de amor de los niños y te ayudará a determinar cuál de ellos es el primero en que tu hijo percibe tu amor por él. Lee con cuidado los cinco capítulos (del 2 al 6) que describen los lenguajes de amor, puesto que tu hijo saldrá beneficiado de todos los cinco modos de recibir amor. Sí, creemos que tu hijo percibe mejor tu amor en uno de estos cinco lenguajes, pero también las otras cuatro maneras de mostrarle tu amor a tu hijo le harán bien. Además, con el tiempo, el primer modo de comunicarse o lenguaje primario de tu hijo puede cambiar. Por estas razones, cada capítulo acerca de los lenguajes de amor comenzarán por señalar la importancia que tiene para tu hijo ese lenguaje de amor específico. Aun cuando pueda ser que ese capítulo no describa el primer modo de recibir amor de tu hijo, apréndelo también. Practica los cinco lenguajes y estarás seguro de que tu hijo sentirá tu amor. Por supuesto, que lo más importante es hablar e identificar el lenguaje de amor de tu hijo.

En este libro destacaremos la importancia del amor en la crianza de tu hijo. El objetivo final es criar a tu hijo (o hijos) hasta convertirlo en un adulto maduro. Es preciso que todos los aspectos del desarrollo de un hijo estén asentados sobre una base de amor. Por ejemplo, los sentimientos de cólera de un niño pueden canalizarse positivamente cuando éste percibe el amor de sus padres. Es más probable que considere y acepte sugerencias cuando se dé cuenta de que tu amor es genuino e invariable. Pocos padres se dan cuenta que tienen la responsabilidad de enseñar a sus hijos a dominar su cólera de un modo maduro. Como señalaremos en el capítulo 10, la tarea más difícil de los padres es la de enseñar a sus niños y adolescentes a controlar su cólera. El éxito de esta tarea comienza con el amor. Es importante saber que los padres que ayuden a sus hijos adolescentes a controlar su cólera, desarrollarán una relación mucho más íntima y amorosa. Como este libro es acerca de la forma de amar mejor a tu hijo, a todo lo largo de *Los cinco lenguajes de amor de los niños* aparecen sugerencias para la buena crianza de los hijos. Mientras te ocupas en ese ámbito que es el más importante, comprobarás que tus relaciones familiares se fortalecerán al tiempo que podrás disfrutarlas mejor y más relajadamente. Por ejemplo: Cuando tratemos sobre la disciplina (capítulo 8), aprenderás que las dos palabras clave que debes tener presentes son *agradable* y *firme*. Tal como el amor cubre multitud de pecados, así mismo el ser *agradable* pero *firme* te proporcionará una red de seguridad flexible. En el capítulo 8 trataremos de cómo mantener esa posición *agradable* pero *firme*.

El libro concluye con un Plan de Acción que contiene proyectos y ejercicios para ayudarte a hablar todos y cada uno de los lenguajes de amor con tus hijos. Creemos que este Plan de Acción te ayudará a aplicar los conceptos de este libro.

Y ahora, unas palabras de cada uno de nosotros mientras empiezas este "curso de lenguaje" para mejorar la forma en que le hablas con amor a tus hijos.

UNAS PALABRAS DE GARY

El éxito de *Los cinco lenguajes del amor: Cómo expresarle devoción sincera a tu cónyuge,* ha sido gratificante. Cientos de miles de parejas no han leído el libro solamente, sino que han puesto en práctica sus principios. Mis archivos están llenos de cartas que he recibido de distintas partes del mundo, expresando gratitud por la diferencia que han significado los lenguajes de amor para sus matrimonios. La mayoría dice que aprender el primer modo de comunicarse o lenguaje de amor primario de su cónyuge ha cambiado de un modo radical el clima emocional de su hogar, y algunos le han dado al libro el crédito por haber salvado en realidad sus matrimonios.

Mientras continuaba dando seminarios sobre el matrimonio, la pregunta que más frecuentemente me hacían era: "¿Cuándo escribirás un libro sobre los cinco lenguajes de amor para los niños?" Debido a que mi carrera profesional se ha concentrado en la consejería matrimonial y en cómo enriquecer los matrimonios, estaba renuente a escribir acerca de los niños, aun cuando recibía cientos de informes de padres que habían aplicado el concepto de los cinco lenguajes de amor a sus hijos.

Cuando la editorial... habló conmigo para que escribiera ese libro, llamé a mi amigo de muchos años, Ross Campbell, para pedirle que hiciéramos juntos el libro. Me complació mucho que Ross aceptara. Ross tiene una experiencia de treinta años en medicina psiquiátrica, concentrándose en las necesidades de los niños y adolescentes. Durante mucho tiempo he admirado la calidad de su trabajo, me he beneficiado con sus escritos y he tenido en gran estima nuestro contacto personal a través de los años.

Y ahora que ya completamos este libro, estoy encantado con la forma en que nuestra experiencia se ha complementado. Cada uno de nosotros escribió por separado cada capítulo, y después nuestra compiladora y editora jefa, Carole Streeter, elaboró nuestras ideas hasta plasmarlas en un volumen legible. Estoy extremadamente satisfecho con los resultados.

Tal como el libro original sobre los lenguajes del amor ha ayudado a tanta gente en sus matrimonios, ahora espero y oro para que este libro ayude a incontables padres, maestros y otros que aman a los niños y trabajan con ellos, para que se vuelvan más efectivos al satisfacer la necesidad emocional de amor que tienen los niños.

Gary Chapman, Ph.D.
Winston-Salem, North Carolina
Enero 1997

UNAS PALABRAS DE ROSS

Durante más de veinte años, Gary Chapman y yo hemos escrito y hablado acerca del amor: Gary ha ayudado a miles de parejas a encontrar un significado más profundo en sus relaciones, mientras que yo he estado escribiendo y dirigiendo seminarios para padres en su tarea crucial aunque maravillo-samente gratificante, de criar a sus hijos. Aunque había conocido a Gary durante dos décadas, no me había percatado de que nuestros ideas eran tan similares. Descubrí este hecho positivo cuando leí su importante libro *Los cinco lenguajes del amor.* Mis libros similares *Cómo amar realmente a tu hijo y Cómo amar realmente a tu adolescente* animan y respaldan a quienes los ponen en práctica.

Lo que más me gusta en el libro de Gary es que insiste en que cada uno de nosotros tiene una forma de comunicarse el lenguaje de amor primario. Si identificamos este lenguaje de amor particular en nuestro cónyuge y también en nosotros, podremos usar este inapreciable conocimiento para mejorar nuestro matrimonio. De este concepto hay aplicaciones ma-ravillosas para los niños, porque cada niño tiene su propio modo de dar y recibir amor. Cuando Gary se percató de eso, el producto natural de las similitudes de nuestro trabajo fue este libro.

Doy gracias por el privilegio de trabajar con Gary en este importantísimo libro. Creo sinceramente que ayudará a pa-dres y a otros que se preocupan por los niños para llenar las más profundas necesidades de los niños que aman. Por favor, únase a nosotros en este viaje durante el cual exploramos los cinco lenguajes de amor de los niños.

Ross Campbell, M.D.
Signal Mountain, Tennessee
Enero de 1997

LOS CINCO LENGUAJES DEL AMOR DE LOS NIÑOS

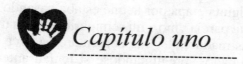

Capítulo uno

EL AMOR ES EL CIMIENTO

Daniel y Brenda no podían comprender qué andaba mal con Ben, su hijo de ocho años. Había sido un niño con un rendimiento escolar mayor que el promedio y todavía hacía sus tareas, pero este año no estaba rindiendo igual en la escuela. Se acercaba a la maestra después que ésta había puesto un ejercicio y le pedía que se lo explicara nuevamente. Le pedía muchas explicaciones, hasta ocho veces por día. ¿Sería un problema de audición o de comprensión? Daniel y Brenda lo llevaron al médico especialista para que le examinara el oído y a un consejero escolar para que lo sometiera a una prueba sicológica de comprensión; pero los resultados de ambos exámenes fueron normales.

Otras actitudes de su hijo también los dejaban perplejos: a veces su conducta se volvía casi antisocial. Su maestra se turnaba para almorzar con sus alumnos de tercer grado, pero a veces Ben empujaba a un lado a otros niños para estar más cerca de ella. Durante los recesos, dejaba a los otros niños cuando aparecía la maestra en el campo de juego; corría hacia ella para hacerle alguna pregunta intrascendente y escapar de los otros. Si la maestra participaba en un juego durante el receso, Ben trataba de agarrarse de su mano durante el juego.

Sus padres se habían reunido con la maestra tres veces, y ninguno había sido capaz de descubrir el problema. Ben, que en los primeros dos grados había sido independiente y feliz, ahora parecía padecer de una "absoluta dependencia" que no tenía sentido. También estaba peleando mucho más con su hermana mayor, aunque Daniel y Brenda habían pensado que se trataba de alguna etapa por la que estaba pasando.

Cuando esta pareja vino a mi seminario "Hacia un matrimonio con más madurez" y me comentaron acerca de Ben, estaban preocupados, preguntándose si tenían ante sí a un rebelde incipiente.

—Doctor Chapman, sabemos que éste es un seminario para matrimonios y quizás nuestra pregunta está fuera de lugar —dijo Brenda, pero Daniel y yo pensamos que tal vez usted pueda darnos alguna orientación —y procedió a describir los cambios en el comportamiento de Ben.

Les pregunté si su estilo de vida había cambiado durante este año. Daniel dijo que él era vendedor y tenía que salir dos noches por semana, pero que estaba en su casa entre las 6:00 y las 7:30, las otras noches de la semana las dedicaba a trabajar en sus papeles y a mirar algo de televisión. Los fines de semana acostumbraba ir a los juegos de fútbol, a menudo con Ben. Pero no lo había hecho durante el año.

—Es demasiada agitación. Prefiero mirar los juegos por televisión.

—¿Y qué de ti, Brenda? —le pregunté.

—¿Ha cambiado algo tu vida en los últimos meses?

—Bueno, sí —contestó.

—Yo estuve trabajando en un empleo de media jornada los primeros años en que Ben estuvo desde kindergarten al segundo grado. Pero este año empecé a trabajar a tiempo completo, así que llego a casa más tarde. Realmente es el abuelo de Ben quien lo recoge en la escuela, y se queda con sus abuelos por hora y media hasta que yo lo recojo. Las noches en que Daniel está fuera de la ciudad, Ben y yo cenamos por lo regular con mis padres y entonces volvemos a casa.

Casi era hora de comenzar el seminario, pero sentí que había empezado a comprender lo que le estaba pasando a Ben, así que les sugerí:

—Estaré hablando de matrimonio, pero quiero que cada uno de ustedes esté pensando en cómo pueden aplicarse esos principios de que yo hablé a sus relaciones con Ben. Al final del seminario, me gustaría saber qué conclusiones han sacado.

Parecieron un poco asombrados de que yo diera por terminada nuestra conversación sin hacerles una sugerencia, pero ambos estuvieron dispuestos a hacer lo que les decía.

Al final del día, mientras otros participantes de nuestro seminario en Racine, Wisconsin, estaban saliendo, Daniel y Brenda corrieron hacia mí con el aspecto de quien acaba de descubrir algo:

—Doctor Chapman, pienso que hemos comprendido algo de lo que sucede con Ben —dijo Brenda.

— Cuando usted habló de los cinco lenguajes de amor, ambos estuvimos de acuerdo en que el lenguaje de amor primario de Ben es el tiempo que le dedicamos. Reconsiderando lo sucedido estos últimos cuatro o cinco meses, nos percatamos de que le hemos dedicado a Ben menos tiempo que antes.

»Cuando yo trabajaba media jornada, lo recogía en la escuela cada día, y por lo regular hacíamos algo juntos en camino a casa, quizás alguna gestión o detenernos en el parque a comprarnos una merienda. Cuando llegábamos a casa, Ben hacía su tarea. Y después de cenar, con frecuencia hacíamos algo juntos, como jugar algún juego, sobre todo en las noches en que Daniel estaba fuera. Todo eso ha cambiado desde que he empezado a trabajar y me he dado cuenta de que le estoy dedicando menos tiempo a Ben.

Miré a Daniel y me dijo:

—Por mi parte, comprendo que antes llevaba a Ben conmigo a los juegos de fútbol, pero desde que dejé de hacerlo, no lo he reemplazado con otra actividad que podamos compartir... Ben y yo hemos pasado muy poco tiempo juntos en los últimos meses.

—Pienso que realmente han descubierto algo muy importante de las necesidades emocionales de Ben —les expliqué.— Si ustedes pueden satisfacer sus necesidades de amor, considero que tendrán una buena oportunidad de ver cómo cambia su comportamiento.

Les sugerí algunas cosas que podían hacer para expresar amor durante el tiempo que le dedicaran y desafié a Daniel a reservar tiempo en su horario para dedicarlo a Ben. Animé a Brenda a buscar la manera en que ella y Ben pudieran volver a hacer las mismas cosas que hacían antes que ella trabajara la jornada completa. Ambos parecían ansiosos de poner en práctica lo que habían entendido.

—Puede que haya otros factores implicados —les dije, pero si le dedican grandes dosis de tiempo y lo mezclan con los otros lenguajes del amor, pienso que verán un cambio radical en su comportamiento.

Nos despedimos. Nunca recibí una carta de Daniel y Brenda, y para serles franco, me olvidé de ellos. Pero como unos dos años después volví a Wisconsin para otro seminario y ellos me recordaron nuestra conversación. Eran todo sonrisas; se abrazaban uno al otro y me presentaron a los amigos que habían invitado al seminario.

—Cuéntenme de Ben —les insté.

Ambos sonrieron y dijeron: —A Ben le va de lo mejor. Muchas veces estuvimos por escribirle pero nunca llegamos a hacerlo. Regresamos a casa e hicimos lo que nos sugirió. Conscientemente le dedicamos a Ben mucho tiempo para él solo durante los meses siguientes. En el plazo de dos o tres semanas vimos un cambio drástico en su comportamiento escolar. De hecho, la maestra nos citó de nuevo para conversar. Nos dio miedo, pero esta vez ella quería saber qué habíamos hecho que había provocado semejante cambio en Ben.

La maestra les contó que la conducta negativa de Ben había cesado: nada de empujar a otros niños para alejarlos de ella en el comedor; nada de acercarse a su mesa para hacer pregunta tras pregunta. Entonces Brenda le explicó que ambos habían comenzado a hablar el "lenguaje de amor" de Ben después de asistir a un seminario.

—Le comentamos que habíamos empezado a dedicarle a Ben mucho tiempo para él solo —dijo Brenda.

Esta pareja había aprendido a hablar el lenguaje de amor de su hijo para decirle "Te amo" de una forma que él pudiera entenderlo. La historia de Ben me animó a escribir este libro. Mi primer libro acerca de los lenguajes del amor examina cómo los esposos se sienten amados cuando hablamos su lenguaje de amor primario. *Los cinco lenguajes del amor* tiene un capítulo dedicado a reconocer el lenguaje de amor primario de nuestros hijos. Ahora Ross Campbell y yo examinaremos cómo esos cinco lenguajes de amor pueden ayudar a que tu hijo se sienta amado.

El hablar el lenguaje de amor primario de tu hijo no significa que no se rebele más tarde. Sólo quiere decir que tu hijo sabrá que lo amas, y eso le proporcionará seguridad y esperanza; puede ayudarte a criar a tu hijo hasta una edad adulta responsable. El amor es la base.

Al criar a los hijos, todo depende de la relación amorosa entre padres e hijos. Nada funciona bien si no se satisfacen las necesidades de amor del hijo. Tan sólo el hijo que *se siente* amado de verdad puede dar lo mejor de sí. Uno puede amar a su hijo profundamente, pero a menos que éste lo sienta -y que le hablemos el lenguaje que le comunica ese amor- no se sentirá amado.

LLENANDO EL TANQUE DE LOS SENTIMIENTOS

Cuando hablamos el lenguaje de amor personal de nuestro hijo, podemos llenar su "tanque de los sentimientos" con amor. Cuando el niño se siente amado, es mucho más fácil de disciplinar y entrenar que cuando su "tanque emocional" se está quedando vacío.

Cada niño tiene un tanque de sentimientos, un lugar de fuerza emocional que puede darle impulso para atravesar los días difíciles de la niñez y la adolescencia. Tal como los automóviles obtienen su fuerza de la reserva del tanque de combustible, nuestros hijos obtienen su fuerza de la reserva acumulada en sus tanques de sentimientos. Debemos llenar el tanque sentimental de nuestros hijos, a fin de que ellos puedan actuar como deben y alcanzar el máximo de sus posibilidades.

Pero, ¿con qué llenamos ese tanque? Con amor, por supuesto, pero amor de una clase particular que pueda capacitar a nuestros hijos para crecer y funcionar adecuadamente.

Es preciso que llenemos los tanques de sentimientos de nuestros hijos con amor *incondicional,* pues el verdadero amor siempre es incondicional. El amor incondicional es un amor pleno que acepta y afianza a un hijo por ser quien es, no por lo que hace. No importa lo que él haga (o no haga), el padre lo sigue amando. Tristemente, los padres con frecuencia muestran un amor condicionado; depende de algo distinto, que no es sólo ser hijos. El amor condicional se basa en el comportamiento y con frecuencia está asociado con técnicas de entrenamiento que ofrecen regalos, recompensas y privilegios a los hijos que se comportan o actúan como los padres desean.

Por supuesto que es necesario entrenar o disciplinar a nuestros hijos; pero sólo después de rellenarle bien sus tanques de sentimientos. Esos tanques pueden llenarse sólo con un combustible de primera: amor incondicional. Nuestros hijos tienen tanques de sentimientos listos para llenar (y rellenar, pues pueden vaciarse con regularidad). Únicamente el amor incondicional puede prevenir problemas como el resentimiento, las sensaciones de no ser amados, de culpabilidad, de temor e inseguridad. Sólo cuando le damos amor incondicional a nuestros hijos, somos capaces de comprenderlos a fondo y de lidiar con su conducta, sea buena o mala.

Mónica creció en un hogar de modestos recursos económicos. Su padre estaba empleado cerca, y su madre era ama de casa, excepto por un empleo de media jornada. Ambos padres eran gente trabajadora que se enorgullecían de su casa y su familia. El papá de Mónica cocinaba la cena, y él y

Mónica lavaban y secaban los platos juntos. El sábado era el día de las tareas semanales, y por la noche disfrutaban de perros calientes o hamburguesas juntos. Los domingos por la mañana, la familia iba a la iglesia, y la tarde la pasaban con los familiares. Cuando Mónica y su hermano eran pequeños, sus padres les leían casi todos los días. Ahora que estaban en la escuela, su mamá y su papá los alentaban para que estudiaran. Deseaban que ambos hijos cursaran estudios superiores, aunque ellos no habían tenido esa oportunidad.

En la escuela secundaria, una de las amigas de Mónica era Estefanía. Las dos compartían muchas clases y a menudo se reunían a la hora del almuerzo. Pero las chicas no se visitaban en sus casas. Si lo hubiesen hecho, habrían visto grandes diferencias. El padre de Estefanía era un vendedor con mucho éxito que podía satisfacer abundantemente las necesidades de su familia. También se pasaba mucho tiempo viajando. La madre de Estefanía era enfermera. Su hermano estaba interno en una escuela privada. Estefanía también había estado interna en una escuela privada durante tres años hasta que rogó que le permitieran asistir a la escuela pública local. Con su padre lejos de la ciudad y su madre trabajando tanto, la familia con frecuencia comía afuera.

Mónica y Estefanía fueron buenas amigas hasta el noveno grado, cuando Estefanía se fue a una escuela secundaria cerca de sus abuelos. El primer año, las chicas intercambiaron cartas; después de eso, Estefanía empezó a salir con muchachos y sus cartas se hicieron menos frecuentes hasta que cesaron. Mónica cultivó otras amistades hasta que también empezó a salir con un chico que llegó transferido a la escuela. Después que la familia de Estefanía se mudó lejos, Mónica nunca más supo de ella.

Si hubiera sabido, se hubiese sentido muy triste al enterarse que después de casarse y tener un hijo, Estefanía había sido arrestada como narcotraficante y había pasado varios años en prisión, durante los cuales su esposo la abandonó. En contraste, Mónica estaba felizmente casada y tenía dos hijos.

¿Qué provocó la diferencia en el resultado de la educación de dos amigas de la infancia? Aunque no haya una sola respuesta, podemos considerar como parte de las razones lo que Estefanía le confió a su terapeuta:

—Jamás me sentí amada por mis padres. Al principio me introduje en las drogas porque deseaba agradar a mis amigos al decir esto, no intentaba tanto echarle la culpa a sus padres como entenderse a sí misma.

¿Se fijaron en lo que dijo Estefanía? No se trataba de que sus padres no la amaran, sino de que ella no se *sentía* amada. La mayoría de los padres aman a sus hijos y también quieren que sus hijos se sientan amados, pero pocos saben demostrar de forma adecuada ese sentimiento. Sólo cuando aprenden a amar incondicionalmente pueden hacerles saber a sus hijos lo mucho que los aman.

CÓMO SE SIENTE AMADO UN NIÑO

En la sociedad moderna, criar hijos emocionalmente equilibrados es una tarea cada vez más difícil. El ambiente de drogas de hoy en día tiene a la mayoría de los padres asustados. La condición de nuestro sistema educacional ha llevado a muchos padres al punto de impartir clases a sus hijos en el hogar o matricularlos en escuelas privadas.

La violencia existente en nuestras ciudades tiene a los padres preguntándose si sus hijos alcanzarán la madurez.

En medio de una cruda realidad, llevamos una palabra de esperanza a los padres. Queremos que disfrutes de una relación de verdadero amor con tus hijos. En este libro enfocaremos un aspecto sumamente importante del criar los hijos: satisfacer las necesidades de amor de tus niños. Si los hijos sienten que sus padres los aman de verdad, corresponderán a la orientación de éstos en todos los aspectos de sus vidas. Hemos escrito este libro para ayudarte a que tus hijos sientan mucho más profundamente el amor que les tienes. Esto sucederá cuando hables los lenguajes de amor que ellos entienden y a los cuales pueden responder.

Para que un niño sienta el amor tenemos que aprender su propio lenguaje de amor. Cada niño tiene una manera especial de percibirlo. Básicamente, hay cinco maneras en que los niños (en realidad, todo el mundo) habla y comprende el sentimiento del amor. Estos maneras son: el contacto físico, las frases de reafirmación, el tiempo que se le dedica, los regalos y prestarles algún servicio. Si tienes varios niños en tu familia, existe la posibilidad de que hablen diferentes lenguajes, porque de la misma manera que los niños tienen distintas personalidades, prestan atención a diferentes lenguajes de amor. Es típico que dos hijos necesiten ser amados de distintas maneras.

UNA CLASE DE AMOR DE "NO IMPORTA LO QUE SUCEDA"

Cualquiera que sea el lenguaje de amor que tu hijo entienda mejor, necesita que se lo expresen de una manera: sin condiciones. El amor incondicional es un faro que ilumina la oscuridad y nos permite, como padres, saber dónde estamos y lo que necesitamos hacer para educar a nuestro hijo. Sin esta clase de amor, la tarea de educar hijos nos deja estupefactos y confusos. Antes de aventurarnos en los cinco lenguajes de amor, consideremos la naturaleza y la importancia del amor incondicional.

Podemos definir mejor el amor sin condiciones mostrando lo que hace. El amor incondicional le demuestra amor a una criatura *sin importar lo que suceda.* La amamos sin tener en cuenta qué apariencia tiene; y sin importarle cuáles sean sus logros, sus desventajas o impedimentos; sin que importe lo que esperamos que llegue a ser; y, lo más difícil de todo, sin tomar en consideración la forma en que actúa. Eso no significa que nos guste toda su conducta. Eso quiere decir que le damos y le demostramos amor a nuestro hijo en todo momento, aun cuando su comportamiento sea paupérrimo.

¿Suena esto a indulgencia? No lo es. Más bien es hacer las cosas ordenadamente. El tanque de sentimientos de un niño debe estar lleno antes de que pueda ser algo efectivo un entrenamiento o disciplina. Un niño con un tanque emocional lleno puede corresponder sin resentimiento a la orientación de los padres.

Algunas personas temen que esto pueda conducir a "echar a perder" a un niño, pero es un concepto equivocado. Ningún hijo puede recibir demasiado del amor incondicional adecuado. Un niño puede ser "echado a perder" por falta de entrenamiento o por un amor inadecuado que se da o entrena incorrectamente. El verdadero amor incondicional jamás echará a perder a un niño porque nunca será demasiada la cantidad que sus padres le den.

Puede ser que te resulte difícil asimilar estos principios porque van en contra de lo que antes pensabas que era cierto. Si ése es el caso, es posible que no te sea fácil ofrecerles amor incondicional a tus hijos. Sin embargo, si lo practicas y ves los beneficios, se te puede hacer más fácil. Por favor, aférrate a eso y haz lo mejor para tus hijos, sabiendo que tu amor significará la gran diferencia entre niños bien estables y felices, y otros que son inseguros, coléricos, inaccesibles e inmaduros.

Si no has amado a tus hijos de este modo, puede ser difícil para ti al principio. Pero según practicas el amor incondicional, encontrarás un efecto maravilloso, en tanto te conviertes en una persona más entregada y amorosa en todas tus relaciones. Por supuesto que nadie es perfecto, y no puedes esperar que seas capaz de amar sin condiciones todo el tiempo. Pero cuando te encamines a tu objetivo, encontrarás que eres más consecuente en tu capacidad de amar, sin importar lo que pase.

Te será útil recordar con frecuencia algunas cosas más bien obvias acerca de tus hijos:

1. Son niños.

2. Tenderán a actuar como niños.

3. La mayor parte del comportamiento infantil es poco placentero.

4. Si hago mi parte como padre y los amo, a pesar de su conducta infantil, ellos madurarán y abandonarán sus maneras infantiles.

√5. Si los amo sólo cuando me complacen (amor condicional), y si les expreso mi amor únicamente en esos momentos, no se sentirán amados de veras. Esto dañará su imagen propia, los hará sentirse inseguros, y en realidad les impedirá mejorar su autocontrol y su conducta madura. Por lo tanto, soy tan responsable de su desarrollo y su comportamiento como ellos.

6. Si los amo sólo cuando satisfacen mis requisitos o expectativas, se sentirán incompetentes y creerán que es inútil hacerlo todo lo mejor que puedan, puesto que nunca será suficiente. Siempre estarán plagados de inseguridad, ansiedad, baja autoestima y cólera. Para guardarme de eso, necesito recordarme a menudo mi responsabilidad en su crecimiento total. (Este tema se trata más ampliamente en *Cómo amar realmente a tu hijo* de Ross Campbell.)

7. Si los amo incondicionalmente, se sentirán cómodos consigo mismos y serán capaces de controlar su ansiedad y su conducta en tanto crecen hasta la edad adulta.

Por supuesto que hay comportamientos apropiados a la edad con nuestros hijos e hijas. Los adolescentes actúan de manera distinta que los niñitos, y uno de trece años reaccionará de modo diferente que uno de diecisiete. Pero tenemos que recordar que siguen siendo menores, no adultos maduros, así que podemos esperar que se equivoquen. Demuestre paciencia con ellos en tanto crecen.

AMOR Y... MUCHÍSIMO MÁS

Este libro se concentra, en primer lugar, en las necesidades de amor de los hijos y en cómo satisfacerlas. Eso es porque ésa es su mayor necesidad emocional y afecta enormemente nuestra relación con ellos. Otras necesidades, sobre todo las físicas, son más fáciles de reconocer y, por lo regular, también de satisfacer, pero no proporcionan tanta satisfacción ni cambian la vida por entero. Sí, es necesario que le proporcionemos a nuestros hijos abrigo, alimento y vestido. Pero también somos responsables de cuidar del crecimiento y la salud mental y emocional de nuestros hijos.

Se han escrito volúmenes acerca de cuánto necesita un hijo tener una *autoestima saludable* o un sentido adecuado de autoestima. El hijo con un sentido del yo embellecido se verá a sí mismo como superior a otros; como un don de Dios para el mundo y merecedor de todo lo que se le ocurra desear. El niño que subestima su valor estará plagado de pensamientos como: "No soy inteligente, atlético, ni atractivo como otros." su conclusión es "No puedo" y su realidad es "No lo hice". Vale la pena que hagamos nuestro mejor esfuerzo como padres para procurar que nuestros hijos desarrollen una autoestima saludable a fin de que se vean a sí mismos como miembros importantes de la sociedad, con talentos y capacidades especiales, y que sientan el deseo de ser productivos.

Otra necesidad universal de los hijos es la de *seguridad y estabilidad.* En nuestro mundo de incertidumbres, para los padres es cada día más difícil proporcionar este sentimiento de seguridad. Más y más padres escuchan la dolorosa interrogante de los hijos que preguntan: "¿Me vas a dejar?" El hecho triste es que muchos de sus amigos han sido abandonados por sus padres. Si uno de los padres ya se ha ido, el niño puede temer que el otro también lo deje.

Un niño necesita desarrollar *habilidad para relacionarse* a fin de que pueda tratar a todas las personas como si tuvieran igual valor y sea capaz de cultivar amistades mediante un flujo equilibrado de dar y recibir. Sin esa habilidad, un niño está en peligro de volverse introvertido y de permanecer así hasta la edad adulta. Una criatura falta de las esenciales habilidades para relacionarse, también puede convertirse en un monstruo dominante que empuja a otros a un lado para alcanzar sus propios objetivos. Un aspecto importante de la habilidad para relacionarse es la capacidad de relacionarse adecuadamente con la autoridad. El éxito en todos los aspectos de la vida depende de comprender y respetar la autoridad. Sin esto, ninguna otra habilidad significará mucho.

Los padres necesitan ayudar a sus hijos a desarrollar sus dones y talentos especiales, a fin de que los hijos sientan la satisfacción interna y la sensación de logro que viene de poner en práctica sus capacidades innatas. Los padres conscientes tienen que mantener el delicado equilibrio entre empujar y alentar.

EL AMOR ES EL MAYOR DE TODOS

Todas éstas y muchas más son necesidades legítimas de los hijos, y sin embargo, en este libro, nos concentramos en el amor. Creemos que la necesidad de amor de un niño es la base de todas las otras necesidades. Recibir amor y aprender a darlo, es el terreno en el cual crecen todas los empeños humanos positivos.

Durante los primeros años

Durante la infancia, un niño no distingue entre la leche y la ternura, entre el alimento sólido y el amor. Sin alimento el niño morirá. Sin amor, la criatura morirá de hambre emocional y puede convertirse en un minusválido de por vida. Una gran cantidad de investigaciones han indicado que el fundamento emocional de la vida se asienta durante los primeros dieciocho meses de vida, sobre todo en la relación madre/hijo. El "alimento" para la futura salud emocional es el contacto físico, las palabras dulces y la ternura en el cuidado.

Cuando los niños que dan sus primeros pasos adquieren una mayor sensación de identidad, comienzan a separarse de sus objetos amados. Aunque ya antes de este momento la madre puede haberse apartado de la vista del niño, ahora el niño tiene la capacidad de separarse él mismo de las personas de las cuales depende. Cuando se vuelve más sociable, aprende a amar más activamente. Ya no es un pasivo receptor de amor, sino que ahora tiene la capacidad de responder. Sin embargo, esta capacidad es más bien una de poseer al ser amado que de darse a sí mismo. Durante los años subsiguientes, la capacidad del niño de expresar amor incrementa, y si continúa recibiendo amor, dará cada vez más amor.

Los cimientos de amor asentados en los primeros años afectan la capacidad de un niño de aprender y en gran medida determinan cuándo es capaz de asimilar más conocimiento. Muchos niños van a la escuela mal preparados, sin estar emocionalmente listos para ello. Muchos niños necesitan alcanzar niveles de madurez emocional adecuados antes de que sean capaces de aprender efectivamente al nivel de su edad. La respuesta no está en mandar al niño a una escuela mejor o cambiar de maestros. Tenemos que asegurarnos de que nuestros niños están *emocionalmente* listos para aprender. (Ver en el capítulo 9 más acerca de la relación entre el amor y el aprendizaje.)

Durante la adolescencia

Satisfacer las necesidades de amor de un hijo no es tan simple como pudiera parecer, y esto se acentúa cuando se inicia la adolescencia. Los peligros de la adolescencia son bastante amenazadores en sí mismos; pero un niño que entre en esa época con un tanque emocional vacío, será mucho más vulnerable a los problemas de los años de la adolescencia.

Los niños criados con amor condicional aprenden cómo amar de ese modo. Para cuando llegan a la adolescencia, con frecuencia manipularán y dominarán a sus padres. Cuando están complacidos, complacen a sus padres. Cuando no están complacidos, contradicen a sus padres, que se ven impotentes para conseguir de ellos lo que quieren. Esto deja a sus padres perplejos pues están esperando que sus adolescentes los complazcan; pero éstos no saben cómo amar sin condiciones. Por lo regular, este círculo vicioso se convierte en cólera, resentimiento y mal comportamiento (expresando inconscientemente sentimientos reprimidos antes) de los adolescentes.

El amor y los sentimientos de nuestros hijos

Los niños son, por encima de todo, seres emocionales y su primer entendimiento del mundo es emocional. Muchos estudios recientes han demostrado que los estados emocionales de la madre afectan incluso al bebé en la matriz. El feto responde a la cólera o la felicidad de la madre. Y cuando van creciendo los hijos, son en extremo sensibles al estado emocional de sus padres.

En la familia Campbell, muchas veces nuestros hijos percibieron mejor los sentimientos de sus padres que los suyos propios. Por ejemplo, con frecuencia uno de ellos se percataba de cómo yo me sentía cuando yo mismo no me había dado cuenta. Mi hija decía algo como: "¿Qué te tiene tan enojado, papá?" Aun cuando no me había percatado de mi enojo, me detenía a pensar y me daba cuenta de que sí, todavía me duraba el enojo por algo que había sucedido durante el día.

Otras veces, uno de mis hijos decía: "¿Qué te tiene tan contento, papi?"

"¿Cómo supiste que estaba contento?" le preguntaba, deseando saber si había dejado traslucir alguna pista. Una vez nuestra hija Carey dijo: "Porque estabas silbando una melodía alegre." Yo ni siquiera me había dado cuenta de que estaba silbando.

¿No es verdad que los chicos son estupendos? Son tan sensibles a nuestros sentimientos. Por eso es que perciben con tanta agudeza nuestras muestras de amor hacia ellos. Y por eso también tienen tanto miedo de nuestra cólera. Hablaremos más de eso después.

Tenemos que comunicar amor en un lenguaje que nuestros hijos comprendan. El adolescente que se escapa es un hijo que está convencido de que nadie lo ama. Muchos de los padres de estos escapados protestarán diciendo que ellos sí aman a sus hijos y puede que así sea. Pero no han tenido éxito en comunicarles ese amor. Los padres han cocinado, lavado las ropas, proporcionado transportación y oportunidades de educación y recreación. Todas éstas son expresiones válidas de amor si primero se ha establecido el amor incondicional. Pero nunca serán un sustituto para esta crucial clase de amor, y los hijos conocen la diferencia. Ellos saben si están recibiendo lo que anhelan con más ansiedad.

CÓMO COMUNICAR TU AMOR

La triste realidad es que pocos niños se sienten amados y cuidados sin condiciones. Y sin embargo, también es verdad que la mayoría de los padres aman profundamente a sus hijos. ¿Por qué esta terrible contradicción? La razón principal es que pocos padres saben cómo transmitir ese amor que sienten de todo corazón, a los corazones de sus hijos. Algunos padres suponen que puesto que ellos aman a sus hijos, éstos automáticamente lo saben. Otros padres piensan que el sólo decirles "Te quiero" bastará para transmitirles ese amor. Por desgracia, no es así.

Motivándolos mediante tu amor

Por supuesto que es bueno sentir amor y declararlo, pero eso no es suficiente para hacer que un hijo se sienta amado incondicionalmente. La razón es que los niños se guían por el comportamiento. Responden a los actos; a lo que tú haces con ellos. Así que para llegar a ellos, tienes que amarlos en sus términos, o sea, con tu comportamiento.

Hay ventajas para los padres en este modo de acercárseles. Por ejemplo, si has tenido un día terrible, y estás deprimido y desalentado cuando regresas a casa, no te sientes muy amoroso. Pero puedes comportarte de un modo amoroso, porque la conducta es simple. Puedes darle tu amor a tus hijos, aun cuando no te sientas amoroso.

Puedes preguntarte si eso es ser honesto y si tus hijos no pueden percibir la verdad. En cierto sentido, sí pueden, porque son muy sensibles a las emociones. Saben cuando tú no te sientes amoroso, y no obstante, sienten tu amor en tu conducta. ¿No te parece que te lo agradecen y aprecian mucho más cuando eres capaz de ser amoroso sin que importe cómo te sientas por dentro?

Tus hijos sentirán cómo tú sientes con respecto a ellos por la forma en que te comportas con ellos. Fue el apóstol Juan quien escribió: "Hijitos míos, no amemos de palabra ni de lengua, sino de hecho y en verdad." [1] Si empiezas a hacer una lista de todas las formas de conducta para amar a un niño, dudo que pudieras llenar más de una página. Simplemente no hay muchas maneras, y eso viene bien, porque quieres simplificar las cosas. Lo que importa es mantener llenos los tanques de sentimientos de tus hijos. No tienes más que recordar que las expresiones de amor en el comportamiento pueden dividirse en: el contacto físico, el tiempo que les dedicas, los regalos, el prestarles algún servicio y el animarlos con frases de afirmación.

Para hablar el lenguaje de amor de tu hijo

Tal como señalamos antes, hay cinco lenguajes de amor, y es probable que tu hijo tenga uno primordial en que se le comunica mejor el amor. Si hablas el lenguaje de amor de tu hijo, colmarás su profunda necesidad de amor. Esto no significa que hables sólo ese lenguaje de amor primario. Los niños necesitan todos los cinco lenguajes de amor para mantener llenos sus tanques de sentimientos. Esto quiere decir que los padres tienen que aprender a hablar todos los lenguajes. Los siguientes cinco capítulos te mostrarán cómo.

Tus hijos pueden recibir amor en todos los lenguajes. No obstante, la mayoría de los niños tienen un lenguaje de amor primario, uno que les habla más alto que los otros. Cuando quieres satisfacer con efectividad la necesidad de amor de tus hijos, es indiscutible que descubras su lenguaje de amor primario.

Empezando en el capítulo dos, te ayudaremos a descubrir ese lenguaje de amor primario de tu hijo. Sin embargo, debo advertirte algo: si tu hijo tiene menos de cinco años, no esperes descubrirlo. No puedes. El niño puede darte pistas, pero es difícil que se pueda detectar con claridad cuál es su lenguaje de amor primario. Simplemente, habla todos los cinco lenguajes. Las caricias, las frases de respaldo y reafirmación, el tiempo que le dediques, los regalos y el hacer cosas útiles en favor suyo, convergen todos para satisfacer la necesidad de amor de tu hijo. Si se satisface esa necesidad y tu hijo se siente amado de veras, será mucho más fácil para él aprender a corresponder en otros campos. Este amor tiene contacto con todas las otras necesidades que tiene un niño. Habla los cinco lenguajes cuando tu hijo sea mayor también, porque él los necesita todos para crecer, aunque ansíe uno más que los demás.

Una segunda advertencia: cuando descubras el lenguaje de amor de tu hijo y de ese modo reciba el amor que necesita, no supongas que todo en su vida se desarrollará normalmente. Todavía habrá retrocesos y malentendidos. Pero tu hijo, como una flor, se beneficiará con tu amor. Cuando se ha regado con el agua del amor, tu hijo florecerá y bendecirá al mundo con belleza. Sin ese amor, se volverá una flor marchita, que mendiga un poco de agua.

Puesto que deseas que tus hijos crezcan hasta una madurez plena, desearás demostrarles tu amor en todos los lenguajes y después enseñarles cómo usarlos por sí mismos. El valor no es sólo para tus hijos, sino para la gente con quienes ellos vivirán y se relacionarán. Un rasgo del adulto maduro es la capacidad de dar y recibir aprecio a través de todos los lenguajes de amor: el contacto físico, el tiempo dedicado, las frases de afirmación, los regalos y el prestar un servicio. Pocos adultos son capaces de hacer esto; la mayor parte dan o reciben amor sólo en uno o dos modos.

Si esto no es algo que hayas hecho antes, puedes descubrir que tú también estás cambiando y creciendo en comprensión y en la calidad de tus relaciones. Con el tiempo, tendrás una familia que puede hablar los diferentes lenguajes del amor.

Notas

1. 1 Juan 3:18, Reina-Valera 1960.

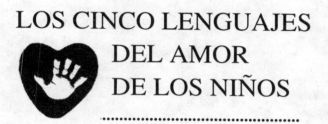

LOS CINCO LENGUAJES DEL AMOR DE LOS NIÑOS

Toque físico

Palabras de afirmación

Tiempo de calidad

Regalos

Actos de servicio

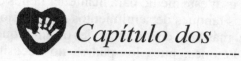

Capítulo dos

EL LENGUAJE DE AMOR #1:
EL CONTACTO FÍSICO

Sonia cursa el quinto grado y su familia recién se mudó a una nueva urbanización. —Este año ha sido duro, con la mudanza y el tener que hacer nuevas amistades. En la escuela anterior la mayoría de los estudiantes se conocían. Cuando le preguntamos si alguna vez sintió si sus padres no la querían por haberla alejado de su antigua escuela y ciudad, contestó:

—¡Oh, no! Nunca he pensado que hicieron esto de propósito. Sé que me aman, porque siempre me están abrazando y besando. Desearía que no nos hubiésemos mudado, pero sé que el empleo de papi es importante.

El lenguaje de amor de Sonia es el contacto físico; esas caricias le dicen que mami y papi la aman. Los abrazos y besos son la manera más común de hablar este lenguaje de amor, pero hay formas también. Un papá lanza al aire a su hijo de un año. Le da vueltas y vueltas alrededor a su hija de siete años, mientras ésta ríe a carcajadas. Una mamá le lee un cuento a su hijito de tres años que está sentado en su regazo.

Ese contacto físico tiene lugar entre los padres y los hijos, pero no con tanta frecuencia como pudiera pensarse. Los estudios indican que muchos padres tocan a sus hijos sólo cuando es necesario: cuando los están vistiendo o desvistiendo, colocándolos en el auto, o al acostarlos. Tal parece que muchos padres no se percatan de cuánto necesitan sus hijos que los toquen y cuán fácil les es usar este medio para mantener llenos de amor incondicional los tanques de sentimientos de sus hijos.

El tacto es el más fácil de los lenguajes de amor que puede usarse sin condiciones, pues los padres no necesitan una excusa u ocasión especial para tocarlos. Tienen oportunidades casi constantes de transferir amor al corazón de un hijo con el tacto. El lenguaje del tacto no está limitado a los abrazos y besos, sino que incluye cualquier clase de contacto físico. Aun cuando estén ocupados, los padres pueden acariciarles la espalda, los brazos o los hombros.

Aunque muchos padres son muy expresivos, otros casi evitan tocar a sus hijos. A menudo esta limitación en el contacto físico se produce porque los padres sencillamente no están conscientes de esa costumbre o no saben cómo cambiarla. Muchos se alegran de aprender cómo pueden mostrar amor de esta manera tan básica.

Favio estaba preocupado por la relación con su hija de cuatro años, Julia, porque ésta se alejaba de él y parecía evitar estar con él. Favio tenía un gran corazón, pero era muy reservado y por lo regular se guardaba sus sentimientos. Siempre se había sentido incómodo al expresar sus emociones mediante el contacto físico. Como deseaba muchísimo estar cerca de Julia, se dispuso a hacer algunos cambios, y empezó a mostrarle su amor acariciándole el brazo, la espalda o los hombros. Poco a poco aumentó su empleo de este lenguaje de amor y finalmente pudo abrazar y besar a su preciosa hija sin sentirse incómodo.

Este cambio no fue fácil para Favio, pero mientras él se volvía más efusivo, descubrió que Julia necesitaba extraordinarias cantidades de afecto paternal; si no lo recibía, se volvía contra él, iracunda. Favio llegó a comprender cómo la falta de afecto de su parte, más adelante podría distorsionar las relaciones de Julia con todos los hombres.

LA NECESIDAD DE CONTACTO FÍSICO DE UN NIÑO

Favio descubrió el poder de este lenguaje de amor en particular. En los últimos años muchos estudios investigativos han llegado a la misma conclusión: Los bebés que se cargan, abrazan y besan, desarrollan una vida emocional más saludable que aquellos a quienes se les deja durante largos períodos sin tocarlos.

El contacto físico es una de las voces más fuertes del amor. Grita: "¡Te amo!" La importancia de tocar a los niños no es un concepto moderno. En el siglo primero de la era cristiana, los hebreos que vivían en Palestina traían a sus hijos a Jesús "para que los tocase". Marcos narra que los discípulos de Jesús reprendían a los padres, pensando que su Maestro estaba demasiado ocupado con asuntos "importantes" para perder el tiempo con los niños. Pero Jesús se indignó y les dijo: "Dejad a los niños venir a mí, y no se lo impidáis; porque de los tales es el reino de Dios. De cierto os digo, que el que no reciba el reino de Dios como un niño, no entrará en él.' Y tomándolos en los brazos, poniendo las manos sobre ellos, los bendecía."[1]

Aprenderás a detectar el lenguaje primario de tu hijo en el capítulo 7. Puede que no sea el contacto físico; no obstante, eso no importa. Todos los niños necesitan que se los toque, y los padres sabios de muchas culturas reconocen la importancia de tocar a sus hijos. También reconocen la necesidad de que sus hijos reciban las caricias de otros adultos importantes, como los abuelos, maestros o líderes religiosos. Sí, aquellos que hablan el lenguaje de amor del contacto físico necesitan más contacto, pero todos los niños necesitan abrazos y caricias de los adultos para sentir la verdad del "Te amo."

Muchas personas se han retraído de darle formas saludables de contacto a los niños por temor a que se tomen por abuso sexual. Eso es desafortunado. Tal vez el temor te ha cohibido de usar una de las más naturales expresiones de amor. Sí, ya sabemos que algunos adultos se han dedicado a una conducta sexual distorcionada y obsesiva; tales perpetradores deben ser procesados y castigados. Pero no puede sospecharse que sea un pedófilo todo el que abraza a un niño. Puede que necesitemos observar ciertas precauciones, pero no podemos dejar que el miedo a ser acusados nos impida una demostración de afecto adecuada. Debes sentirte libre para abrazar y besar a tus hijos, parientes jóvenes y niños que están dentro de tu esfera de influencia.

LAS CARICIAS A LO LARGO DE LOS AÑOS DE CRECIMIENTO

Nuestros infantes y pequeñuelos

Nuestros hijos necesitan muchas caricias durante sus primeros años. Afortunadamente, el cargar y estrechar a un bebé parece algo casi instintivo para las madres y, en la mayoría de las culturas, los padres también participan activamente en dar afecto.

Pero en el laborioso Estados Unidos, los padres a veces no acarician a sus hijos tanto como sus propios padres los acariciaron en su momento. Trabajan muchas horas y a menudo llegan cansados a casa. Si una madre tiene un empleo, debe asegurarse de quien la sustituya esté libre y dispuesta para tocarlo. Al hijo lo tocarán amorosamente durante todo el día o lo dejarán desatendido en la cuna, solo, sin atenderlo ni quererlo. En el cuidado del niño, un bebé merece caricias amorosas y suaves, lo mismo al cambiarle sus pañales, que mientras se alimenta o se lleva de un lado a otro. Incluso un bebé es capaz de sentir la diferencia entre los contactos suaves y los bruscos o irritantes. Los padres deben hacer todos los esfuerzos por asegurarse de que sus hijos serán tratados con amor durante las horas en que están separados.

Cuando el bebé crece y se hace más activo, la necesidad de ser tocado no disminuye. Los abrazos y besos, el retozo en el piso, el montar a caballo sobre papá, y otros contactos físicos amorosos son vitales para el desarrollo emocional del niño. Los niños necesitan muchas caricias llenas de sentido cada día, y los padres deberían hacer todos los esfuerzos posibles para proporcionarles estas expresiones de amor. Si por naturaleza no eres dado a abrazar, puedes pensar que conscientemente estás yendo contra tu tendencia natural. Pero puedes aprender. Cuando llegamos a comprender la importancia del contacto cariñoso para nuestros hijos, nos sentimos motivados para cambiar.

Tanto las niñas como los varones necesitan las caricias, aunque los jovencitos reciben menos que las niñas. Hay muchas razones para esto, pero la más común es que los padres piensan que las caricias, de algún modo, podría feminizar a un varón. Por supuesto que esto no es verdad. De hecho lo cierto es que mientras más le rellenen los padres el tanque emocional, más saludable será la identidad sexual y la autoestima del hijo.

Tu hijo de edad escolar

Cuando tu hijo comienza en la escuela, todavía tiene una necesidad desesperada de contacto físico. Un abrazo dado cada mañana cuando se va puede ser la diferencia entre la seguridad emocional y la inseguridad a lo largo del día. Un abrazo cuando el hijo regresa a casa puede determinar si tendrá una tarde tranquila de actividad mental y física positiva, o si formará un alboroto en su esfuerzo para llamar tu atención. ¿Por qué? Los niños enfrentan nuevas experiencias en la escuela cada día y sienten tanto emociones positivas como negativas hacia sus maestros y compañeros. Por consiguiente, el hogar debe ser un refugio, un lugar celestial donde el amor está seguro. Recuerda, el contacto físico es uno de los más fuertes lenguajes de amor. Cuando se lo habla de un modo natural y cómodo, tu hijo se siente más cómodo y se comunica más fácilmente con otra gente.

Puede que algunos aduzcan: *Pero yo tengo dos varoncitos, y según crecen, tienen menos necesidad de afecto y sobre todo de contacto físico.* Eso no es verdad. *Todos* los niños necesitan el contacto físico a lo largo de su niñez y adolescencia. Muchos varones desde los siete a los nueve años atraviesan una etapa en que se resisten al contacto afectuoso, y sin embargo, necesitan todavía del contacto físico. En esta etapa tienden a responder mejor a contactos más vigorosos, como el luchar cuerpo a cuerpo, forcejar, darse empellones, golpes amigables, apretones, chocar las manos y cosas por el estilo. Las niñas también disfrutan esta clase de contacto físico, pero no se resisten a las caricias tampoco, porque a diferencia de los varones, no pasan por la etapa de resistencia al afecto.

Mucho del contacto físico de esta etapa de la vida de un niño vendrá por los juegos que se juegan: el baloncesto, el balompié y el fútbol son todos deportes de contacto. Cuando juegan juntos en el patio, combinas el lenguaje del tiempo que le dedicas con el del contacto físico. Pero el contacto no debe limitarse a esos juegos. El peinar al chico con tus dedos, sujetarlo por el hombro o el brazo, darle palmaditas en la espalda o la pierna, acompañado todo eso con frases de aliento, resultan expresiones de amor importantes para los chicos que están creciendo.

Muchos padres prefieren sentar a sus hijos en su regazo mientras los abrazan leyéndoles cuentos. Eso les permite a los padres mantener el contacto por períodos más largos, algo hondamente significativo para el niño, que se convierte en un recuerdo inolvidable.

Otras oportunidades en que el contacto físico es importante, son cuando el niño está enfermo, sufriendo física o emocionalmente, cansado o cuando ha sucedido algo cómico o triste. Los padres necesitan asegurarse de que tratan a los varones en la misma forma que a las niñas en tales ocasiones. Muchos varones tienden a considerar las muestras físicas de afecto como "femeninas" en algunos períodos de su desarrollo; cuando se resisten, es más fácil para los padres mantenerse a distancia de ellos. También algunos adultos consideran a los varones menos atractivos durante ciertas etapas. Si los padres experimentan tales sentimientos, es importante que se sobrepongan a ellos; déle a los varones el contacto físico que necesitan, aun cuando actúen como si no lo desearan.

Un hijo que se aproxima a la adolescencia

Durante los años en que tus hijos asisten a los primeros grados, es fundamental que recuerdes que lo estás preparando para la parte más difícil de la niñez: la adolescencia. Cuando un hijo es pequeño, es comparativamente fácil llenarle su tanque emocional. Por supuesto que se le vacía muy rápido y hay que rellenárselo. Cuando va creciendo, el tanque de sentimientos también crece y se hace más difícil el mantenérselo lleno. Finalmente el muchacho será mayor que tú, y más fuerte y listo... ¡pregúntale si no! Y tu hija se volverá una maravillosa persona que parece adulta, ¡más despierta y lista que tú!

Continúa llenando sus tanques con amor, aun cuando no te den señales de que lo necesiten. En tanto los varones que se acercan a la adolescencia pueden retraerse de las caricias, temiendo que sean demasiado femeninas, las niñas pueden encontrarse con que son sus padres quienes se cohiben. Si deseas preparar como es debido a tu hija preadolescente para el futuro, no te retraigas de las caricias. He aquí por qué.

Durante la etapa previa a la adolescencia, las niñas tienen una especial necesidad de expresiones de amor de sus padres. A diferencia de los varones, la importancia de que les aseguren amor incondicional aumenta para las niñas y parece alcanzar su apogeo alrededor de los once años. La razón para esta necesidad especial es que por lo general en esta etapa las madres proporcionan más muestras físicas de afecto que los padres.

Si puedes observar a un grupo de niñas de sexto grado en la escuela, verás la diferencia entre quiénes están preparadas para la adolescencia y quiénes están batallando por lograrlo. Cuando una niña se acerca a esta delicada etapa de su vida, sabe intuitivamente que necesita sentirse bien consigo misma. También inconscientemente sabe que necesita tener una buena identidad sexual a fin de soportar los años que se le avecinan. Es crucial que se sienta que vale como mujer.

Mientras observes a las niñas, verás que algunas tienen dificultad para relacionarse con el sexo opuesto. Son tímidas o retraídas cerca de los chicos, o por el contrario, pueden ser coquetas e incluso provocativas. A pesar de que los varones pueden disfrutar los coqueteos de una chica atractiva, no la valoran mucho y por lo regular la ridiculizan en privado. Pero lo que más hace sufrir a esta jovencita no es sólo su reputación, sino sus relaciones simultáneas con otras niñas. Estas tienden a resentirse con ella por causa de su comportamiento con los varones. En esta edad, el tener amistades normales con otras niñas que la hagan sentirse respaldada es mucho más importante que llevarse bien con los varones. Estas amistades también denotan pautas para toda la vida.

Podrás observar que algunas de esas niñas no recurren a una conducta inconveniente con los chicos. Pueden ser ellas mismas con sencillez, debido a su saludable autoestima e identidad sexual. Sus patrones de conducta son constantes y estables, tanto si están relacionándose con el héroe del equipo atlético o con un chico vacilante y tímido. También notarás que los varones les tienen gran consideración. Mas lo mejor de todo es que con las demás niñas tienen unas relaciones estrechas y sólidas que las hacen sentirse respaldadas.

Las niñas con una fuerte y saludable autoestima e identidad sexual, pueden resistir mucho mejor la presión negativa de su grupo. Están mucho más capacitadas para aferrarse a las normas morales que se les enseñaron en casa, y mucho mejor equipadas para pensar por sí mismas.

¿Cuál es el secreto de la diferencia entre estas niñas? Unas tienen problemas en las relaciones con sus compañeros de la misma edad y a otras les va de lo mejor. Lo adivinaste: el tanque de sentimientos amorosos. La mayor parte de aquéllas a las que les va bien, tienen padres que hacen su parte para que el tanque emocional se mantenga lleno. Pero si una niña no tiene un padre presente en el hogar, no todo está perdido. Puede encontrar un buen padre sustituto en un abuelo o un tío. Muchas niñas sin padre crecen hasta convertirse en mujeres saludables en todo sentido.

Tu adolescente y el tacto

Cuando un hijo alcanza los años de la adolescencia, es importante que le demuestres tu amor de modos positivos y también a su debido tiempo y en el lugar adecuado. La madre nunca debe abrazar a su hijo en presencia de sus compañeros. Él está tratando de desarrollar su propia identidad independiente, y semejante conducta lo abochorna; también es probable que más tarde eso lo haga objeto de bromas pesadas de los demás. Sin embargo, al final del día, en la privacidad del hogar, después que el hijo ha soportado una ruda práctica de fútbol, puede recibir el abrazo de su madre como una verdadera expresión de amor.

Algunos padres se retraen de abrazar y besar a sus hijas adolescentes, pensando que es algo inapropiado en esa etapa. De hecho, la verdad es exactamente lo contrario. Una adolescente necesita los abrazos y besos de su padre; y si él se cohibe, es probable que ella busque el contacto físico de otro varón y con frecuencia de manera inadecuada. Pero he aquí otra vez que el momento y el lugar tienen que ser oportuno. En público, a menos que la niña tome la iniciativa del abrazo, es mejor abstenerse. Pero en la casa, puedes tomar la iniciativa.

Los abrazos y otras formas de caricias pueden ser una gran ayuda para los adolescentes cuando están atravesando momentos difíciles o luchando con un proyecto muy difícil en la escuela. Y no te olvides de que las caricias del padre del mismo sexo también son importantes. Los padres que abrazan a sus hijos y las madres que abrazan a sus hijas están muy bien en todas las etapas del desarrollo de los muchachos. Un hijo necesita las caricias de su padre tanto como las de su madre, y una hija necesita un adecuado suministro de expresiones de amor de su madre tanto como las de su padre.

Si buscas maneras de demostrar tu toque amoroso a tu hijo adolescente, las encontrarás. Por ejemplo, cuando regresa a casa cansado después de una práctica de su deporte favorito, puedes ofrecerte para darle un masaje que le relaje los músculos. O, después que han estado estudiando con ahínco por varias horas, puedes masajearle el cuello adolorido para proporcionarle algo de relajación así como un toque amoroso. Y a muchos hijos les gusta que les rasquen la espalda, aun después haber crecido y de vivir lejos del hogar.

No obstante, no debes imponerle el contacto físico a un adolescente. Si se zafa de tu abrazo o da un salto hacia atrás cuando le tocas el hombro, no insistas. Por alguna razón tu hijo no desea que lo toquen en ese momento. Puede que la razón no tenga nada que ver contigo o puede estar relacionada con otro aspecto de tu relación con él. Los adolescentes están llenos de emociones, pensamientos y deseos, y algunas veces sencillamente no quieren que los toquen. Es preciso que respetes sus sentimientos, tanto si los expresan con palabras o con actos. Empero, si persisten en esquivar el contacto contigo, necesitas buscar un tiempo para conversar con ellos acerca de las razones para ello.

Recuerda que eres un modelo para tus hijos; estarán observando cómo practicas el contacto físico. El modo que tienes de saber si están siguiendo tu ejemplo, es observar la forma en que llevan a cabo el contacto físico. Es maravilloso ver a tus hijos usar con efectividad este lenguaje de amor al relacionarse con otros.

CUANDO EL LENGUAJE DE AMOR PRIMARIO DE TU HIJO ES EL CONTACTO FÍSICO

¿Es el contacto físico el lenguaje de amor primario de tu hijo? Lee con cuidado el capítulo 7 para asegurarte. Sin embargo, he aquí algunas pistas: para los niños que entienden este lenguaje de amor. El contacto físico comunicará el amor más profundamente que las palabras "Te quiero", o un regalo, o arreglar una bicicleta o dedicar tiempo para pasarlo con ellos. Por supuesto que reciben el amor en todos los lenguajes, pero para ellos el que les habla más alto y claro es el contacto físico. Sin abrazos, besos, palmaditas en la espalda y otras expresiones físicas de amor, sus tanques de sentimientos amorosos permanecerán a medio llenar.

Cuando emplees el contacto físico con estos niños, tu mensaje de amor les llegará más alto y claro. Un abrazo cariñoso le comunica amor a cualquier niño, pero a éstos se los grita. A la inversa, si empleas el contacto físico como expresión de enojo u hostilidad, lastimarás a estos niños muy profundamente. Una cachetada es perjudicial para cualquier niño, pero es devastador para un niño cuyo lenguaje de amor primario es el contacto físico.

Marilyn no supo nada de los cinco lenguajes de amor hasta que su hijo José tenía doce años. Al final de un seminario de lenguajes de amor, se volvió hacia una amiga y le dijo: "Al fin ahora comprendo a José. Durante años me ha fastidiado constantemente con sus toqueteos. Si estoy lavando los platos, viene por detrás y me tapa los ojos con las manos. Si le paso por al lado, estira la mano y me pellizca. Si atravieso la habitación cuando está tirado en el suelo, me agarra un pie. A veces me sujeta las manos detrás de mí. Tenía la costumbre de peinarme el cabello con los dedos cuando estaba sentada en el sillón, aunque ya no lo hace desde que le dije que mantuviera sus manos lejos de mi pelo. Le hace lo mismo al padre, y los dos terminan por lo regular forcejando en el suelo.

"Ahora comprendo que el lenguaje de amor primario de José es el contacto físico. Todos estos años me ha estado tocando porque deseaba que yo lo tocara. Admito que no soy amiga de tocar; mis padres no eran aficionados a los abrazos. Ahora comprendo que mi esposo ha estado amando a José con sus forcejeos y retozos, mientras que yo he estado retrayéndome de sus esfuerzos para conseguir amor de mí. ¿Cómo pude no darme cuenta durante todo este tiempo? ¡Ahora parece tan simple!"

Aquella noche Marilyn le comentó a su esposo del seminario. Carlos se sorprendió de lo que oyó: —No había pensado en el forcejeo como muestra de amor, pero tiene mucho sentido —le dijo a Marilyn—. Yo hacía lo que me salía naturalmente. De hecho, el contacto físico es también mi lenguaje de amor primario.

Cuando Marilyn escuchó esto, otra zona se iluminó: No en balde Carlos siempre estaba deseando abrazar y besar. Aun cuando no estaba interesado en el sexo, era la persona más aficionada al toqueteo que había conocido. Esa noche sintió encima una pesada carga de comprensión, y determinó aprender a hablar el lenguaje de amor del contacto físico. Empezaría sencillamente correspondiendo a los contactos de ellos.

La siguiente vez que José vino por detrás cuando lavaba los platos y le tapó los ojos con las manos, ella sacó las manos mojadas del fregadero, se volvió hacia él y le dio un apretón. José se quedó atónito, pero se rió. Y la siguiente vez que Carlos inició un abrazo y un beso, le correspondió igual que lo hacía cuando eran novios. Él sonrió y le dijo: "Te voy a mandar a más seminarios. ¡Esto sí que funciona!"

Marilyn persistió en sus esfuerzos para aprender un nuevo lenguaje de amor y, a su tiempo, el contacto empezó a serle más cómodo. Pero mucho antes de que ella se sintiera cómoda del todo, Carlos y José estaban cosechando los beneficios de sus contactos físicos y estaban respondiéndole hablando su lenguaje de amor primario: prestarle un servicio. José estaba fregando los platos y Carlos estaba aspirando la alfombra, y Marilyn se sentía en el cielo.

LO QUE DICEN LOS HIJOS

Para muchos hijos, el contacto físico habla más alto que las palabras, los regalos, el tiempo que les dediques o lo que hagas por ellos. Sin él, su tanque de amor nunca se llenará. Miremos lo que estos niños tiene que decir del poder del contacto físico:

Anita, de siete años: "Sé que mi mami me ama porque me abraza."

Jaime, un jovencito preuniversitario, nos dijo cómo sabía que sus padres lo amaban: "Me lo demuestran todo el tiempo. Cada vez que salgo de la casa, desde que tengo memoria, mi mamá me abraza y me besa, y mi papá me abraza, si está en la casa. Y cada vez que regreso a casa, es lo mismo. Todavía lo es. Algunos de mis amigos no pueden creerlo, porque no crecieron en familias que se tocan, pero a mí me gusta. Todavía deseo sus abrazos. Siento un algo cálido por dentro."

A Mark, de once años, le preguntamos: "En una escala de cero a diez, ¿cuánto te quieren tus padres?" Sin parpadear contestó: "Diez." Cuando le preguntamos por qué estaba tan seguro, contestó: "Bueno, en primer lugar me lo dicen, pero más que todo, por la forma en que me tratan. Papi siempre me da empujoncitos cuando me pasa por el lado, y tenemos lucha libre en el suelo. Él es muy divertido. Y mami siempre me está abrazando y besando, aunque ya no lo hace delante de mis amigos."

Jessica, de doce años, vive con su madre la mayor parte del tiempo y visita a su padre cada quince días. Siente que su padre la ama en una manera especial. Cuando le preguntamos por qué, contestó: "Porque cada vez que voy a verlo, me abraza y me besa largo rato y me dice que me echa de menos. Sé que mi mamá me ama también; hace muchas cosas por mí, pero desearía que me abrazara y se comportara tan entusiasmada por estar conmigo como papi."

Si el contacto físico es el lenguaje de amor primario de tu hijo y no eres por naturaleza aficionado a tocar, pero de todos modos quieres aprender el lenguaje de tu hijo, puedes empezar a practicar tocándote tú mismo. Sí, hablo en serio. Primero, tócate el brazo con la mano, comenzando en la muñeca y subiendo despacito hasta el hombro. Frótate el hombro. Ahora con la otra mano hazte lo mismo en el otro lado. Con ambas manos, péinate el cabello con los dedos, masajeándote el cuero cabelludo según vas despacio de delante hacia atrás. Siéntate derecho con ambos pies sobre el suelo y date palmaditas en las piernas; con ritmo si así lo quieres. Ponte una mano en el estómago. Entonces inclínate y tócate los pies y masajéate los tobillos. Siéntate y di: "Ya está, lo hice. ¡Me toqué yo mismo y puedo tocar a mi hijo!"

Para aquellos a quienes nunca los han tocado y les resulta incómodo el tocarse, este ejercicio puede ser el primer paso para romper las barreras del toque físico. Si eres una de esas personas, puede ser que desees repetir este ejercicio una vez al día hasta que reúnas valor para empezar a tocar a tu hijo o a tu pareja. Una vez que comiences, propónte el objetivo de tocar conscientemente a tu hijo cada día. Cualquiera puede aprender el lenguaje del contacto físico, y si es el lenguaje de amor primario de tu hijo, merece la pena que hagas los mejores esfuerzos.

Notas

1. Marcos 10:13-16.

LOS CINCO LENGUAJES DEL AMOR DE LOS NIÑOS

....

Toque físico
Palabras de afirmación
Tiempo de calidad
Regalos
Actos de servicio

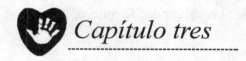 *Capítulo tres*

EL LENGUAJE DE AMOR # 2:
LAS PALABRAS DE
AFIRMACIÓN

Que si mi padre me ama? Sí, porque cuando juego béisbol, siempre me vitorea, y después del juego me dice: 'Gracias por jugar tan bien.' Él dice que lo principal no es ganar, sino dar lo mejor de mí." Felipe, de 14 años, prosiguió: "Algunas veces cometo errores, pero me dice que no me preocupe. Me asegura que mejoraré si sigo haciéndolo todo lo mejor que puedo."

Las palabras tienen un gran poder para comunicar el amor. Las palabras de cariño y afecto, de alabanza y aliento, las palabras que dan una orientación positiva dicen siempre: "Me preocupo por ti." Tales palabras son como una suave llovizna tibia que cae sobre el alma; alimentan la sensación interna de valor y seguridad de un niño. Aunque esas palabras se digan muy rápido, no se olvidan pronto. Un hijo cosecha los beneficios de las frases de afirmación durante toda su vida.

A la inversa, las palabras cortantes, pronunciadas en momentos de frustración pasajera, pueden herir la autoestima de un niño y arrojar dudas sobre su capacidad. Los niños piensan que nosotros creemos lo que decimos. El antiguo proverbio hebreo no exagera la realidad cuando dice: "La muerte y la vida están en poder de la lengua." [1]

El segundo lenguaje de amor son las palabras de afirmación. Algunos niños experimentan su mayor sensación de amor con las expresiones que los afirman. Estas expresiones no tienen que ser las palabras "Te quiero", como lo veremos ahora.

PALABRAS DE AFECTO
Y CARIÑO

Mucho antes de que puedan entender el significado de las palabras, los niños reciben el mensaje emocional. El tono de la voz, la suavidad de los modales, el ambiente de cuidado, todo le comunica el amor y la tibieza de las emociones. Los padres les hablan a sus infantes y lo que los bebés entienden es la mirada en el rostro y los sonidos cariñosos, combinados con la cercanía física.

Debido a que los niños aumentan gradualmente su capacidad para emplear las palabras y los conceptos, no siempre sabrán lo que significan nuestras palabras, aunque les digamos: "Te quiero". El amor es un concepto abstracto. No pueden ver el amor como pueden ver un juguete o un libro. Como el pensamiento de los niños tiende a ser concreto, necesitamos ayudarlos a comprender lo que queremos decir cuando le expresamos nuestro amor. Las palabras "Te quiero" adquieren más significado cuando el pequeño puede asociarlas con tus sentimientos cariñosos y a menudo esto significa proximidad física. Por ejemplo: cuando a la hora de dormir,le estás leyendo y lo sostienes apretado a ti en tu regazo, en un punto del cuento donde los sentimientos del niño son tibios y amorosos, puedes decirle con suavidad: "Te quiero, cariñito."

Una vez que el niño empieza a comprender lo que significa "Te quiero", puedes emplear estas palabras en diferentes maneras y momentos, de forma que queden asociadas a sucesos habituales, como el mandarlo a la escuela o a jugar. También puedes combinar tus palabras de amor con verdaderos elogios por algo relacionado con él. Alicia, que ahora tiene dos hijos, comenta: Recuerdo cómo mi madre acostumbraba a hablar de mi hermoso pelo rojo. Sus comentarios positivos mientras me peinaba antes de irme a la escuela han sido una parte constante de mi percepción de mí misma. Años después, cuando descubrí que las pelirrojas estamos en minoría, jamás abrigué sentimientos negativos a causa de mi pelo rojo. Estoy segura de que los comentarios cariñosos de mi madre tuvieron mucho que ver en eso.

FRASES DE ELOGIO

Con frecuencia el elogio y el cariño se combinan en los mensajes que le hacemos llegar a un niño. Es preciso que los distingamos entre sí. Las expresiones de cariño y amor significan que expresamos *nuestro aprecio al niño por ser quien es,* por esas características y capacidades que son parte de toda su persona. Por el contrario, *alabamos al niño por lo que hace,* ya sean logros o comportamiento o actitudes conscientes. Aquí empleamos el elogio por algo sobre lo cual el niño tiene cierto grado de control.

Puesto que deseas que las frases de elogio tengan un verdadero sentido para tu hijo, necesitas tener mucho cuidado con lo que dices. Si lo alabas muy a menudo, tus palabras tendrán menos efecto positivo. Por ejemplo, puedes decir algo por este estilo: "Eres una niña buena." Esas palabras son maravillosas, pero es preciso que las uses con prudencia. Tienen más efecto si las dices cuando la niña ha hecho algo por lo cual se siente satisfecha y espera que se lo reconozcan. Sobre todo cuando se trata de un elogio específico como: "¡Qué grandioso!" cuando sólo fue algo normal. Los niños saben cuándo los elogian por razones justificadas y cuándo lo hacen sólo por hacerlos sentirse bien, y pueden considerar falsedad esto último.

El elogio frecuente al azar también tiene sus riesgos por otra razón: algunos niños se acostumbran tanto a que los alaben así, que suponen que es natural y llegan a esperarlo. Cuando están en situaciones en que no se les elogia de ese modo, suponen que algo anda mal con ellos y sufren de ansiedad. Cuando ven a otros niños que no reciben tantos halagos, pueden preguntarse por qué ellos necesitan tanto que los elogien.

Por supuesto, deseamos alabar a los niños que cuidamos, pero también queremos asegurarnos de que el elogio no sólo es verdadero sino justificado. De otro modo, lo considerarán adulación, que ellos pueden pensar es igual a mentira.

FRASES DE ESTÍMULO

La palabra *estimular* significa "dar aliento y valor". Buscamos darle valor a los niños para que intenten hacer más. Casi toda experiencia de un niño pequeño es nueva. El aprender a andar, a hablar, o a montar en bicicleta requieren de estímulo constante. Con nuestras palabras estimulamos o desalentamos los esfuerzos de un niño.

Los especialistas en foniatría dicen que los niños aprenden a hablar imitando a los adultos, pero que el proceso se intensifica si los adultos no sólo pronuncian las palabras con claridad sino que también elogian de viva voz los esfuerzos que hace el niño por decirlas correctamente. Afirmaciones como "Así, así, está muy bien, ya lo conseguiste," alientan al niño no sólo a aprender las palabras con las que tienen contacto, sino también a desarrollar un vocabulario en el futuro.

Lo mismo se cumple cuando el niño está aprendiendo a comportarse en la sociedad. "Vi que compartías la masilla con María." Me parece muy bien; la vida es mucho más fácil cuando compartimos las cosas. Palabras como éstas le refuerzan al niño sus motivos para no seguir lo que pudiera parecer su impulso natural de acaparar. O qué les parece un padre que le dice a su hijo de sexto grado: "Juan, noté que esta noche después del juego escuchabas atentamente a Samuel mientras él te contaba lo que pensaba de su juego. Estoy orgulloso de ti por escucharlo con atención, aunque otros que pasaban por allí te daban palmaditas en la espalda. El escuchar a las personas es uno de los mayores regalos que puedes hacerles." Este padre está instilando en Juan el valor para desarrollar el arte de escuchar, uno de los más importantes en el campo de las relaciones humanas. Nunca menosprecies el poder de las frases de estímulo a un niño.

Quizás te sea difícil emplear frases de estímulo. Ten en mente que un aspecto de sentirse alentado es sentirse bien físicamente. La exuberancia y la vitalidad requieren energía; esto significa que como padres necesitamos disfrutar de la mejor salud posible física, mental, emocional y espiritual. Cuando nos sentimos estimulados, somos más capaces de estimular a nuestros hijos. En el hogar, ambos deben alentarse mutuamente; si eres un padre soltero, rodéate de buenos amigos o parientes que te alienten para darte ánimo y energía.

El mayor enemigo de estimular a nuestros hijos es la cólera. Mientras más cólera sienta un padre, más cólera derramará sobre sus hijos. El resultado será hijos rebeldes a la autoridad y a los padres. Por supuesto que esto significa que un padre prudente hará todo lo que esté en su mano para calmar su ira; para mantenerla en el mínimo y lidiar con ella de un modo maduro.

El escritor de los Proverbios dice con mucha sabiduría: "La blanda respuesta quita la ira."[2] El volumen de la voz del padre influye mucho en la reacción de un hijo a lo que dice su padre. Se requiere práctica para hablar con suavidad, pero todos podemos aprender cómo hacerlo. Además, cuando nos sentimos tensos con nuestros hijos, podemos aprender a hablar de un modo agradable, a menudo terminando nuestra conversación con una inflexión ascendente y haciendo preguntas cuando quiera que sea posible, en vez de emitir órdenes. Por ejemplo, ¿cuál de estas declaraciones estimularía mejor a un niño o adolescente?: "¡Saca la basura ahora!" o "¿Me harías el favor de sacar la basura?" El ser agradable y disminuir la cólera rendirá abundantes frutos. Cuando tratamos de estimular a nuestros hijos de un modo particular, es mucho más probable que respondan en forma favorable en vez de rechazar nuestras ideas.

Hace unos años atrás la revista Selecciones (*Reader's Digest*) publicó la historia de una notable maestra de matemáticas en una escuela superior. Un viernes por la tarde le pidió a sus alumnos de la Escuela Santa María de Morris, Minnesota, que hicieran una lista de todos los estudiantes de la clase, dejando un espacio entre los nombres. Después les dijo que pensaran en las cosas más agradables que pudieran decir de cada uno de sus compañeros y las escribieran en esos espacios. Al final de la tarde recogió aquellas hojas y durante el fin de semana, escribió el nombre de cada estudiante en una hoja separada y enumeró lo que el resto de sus compañeros habían dicho de ellos. El lunes, repartió a cada alumno su lista.

Cuando comenzaron a leer, empezaron a murmurarse uno al otro:"Nunca me imaginé que significara algo para alguien," o "No creía que les cayera tan bien a los otros." Jamás se habló de los papeles en la clase, pero la maestra supo que el ejercicio había sido un éxito porque les dio a sus alumnos una sensación muy positiva de sí mismos.

Muchos años más tarde, uno de aquellos alumnos, Mark Eklund, murió en Vietnam. Después que enviaron su cuerpo de regreso a Minnesota, la mayoría de sus compañeros fueron a su funeral, lo mismo que aquella maestra. Durante el almuerzo después del servicio, el padre del joven le confió a la maestra:

—Quiero mostrarle algo— y sacó una billetera de su bolsillo—. Le encontraron esto a Mark cuando murió. Pensamos que usted lo reconocería —abrió el compartimiento de los billetes y sacó dos gastadas hojas de papel que habían sido unidas con cinta adhesiva, dobladas y redobladas muchas veces. Era la lista de cosas buenas que los compañeros de Mark habían escrito de él.

—Muchas gracias por haber hecho eso —le dijo la madre de Mark—. Como puede ver, nuestro hijo lo atesoró toda su vida.

Uno por uno los amigos de Mark empezaron a revelar que cada uno de ellos todavía conservaba sus hojas y las leía con frecuencia. Algunos las llevaban en la billetera; otro incluso la había colocado en su álbum de bodas. Un hombre dijo: "Creo que todos guardamos nuestra lista."[3]

PALABRAS QUE ORIENTAN

Las frases de estímulo son más efectivas cuando están centradas en esfuerzo que tu hijo ha hecho. El objetivo es sorprender a tu hijo haciendo algo bueno y entonces elogiarlo por ello. Sí, eso requiere mucho más esfuerzo que sorprender a tu hijo haciendo algo malo y entonces regañarlo por ello, pero el resultado final merece la pena: la orientación que guía a tu hijo en su desarrollo moral y ético.

Los hijos necesitan guianza. Aprenden a hablar por estar en contacto con un idioma en particular. Aprenden a comportarse viviendo en una cierta clase de sociedad. En la mayor parte de las culturas, los padres tienen la responsabilidad primordial de enseñar a sus hijos a desenvolverse en sociedad. Esto comprende no únicamente lo que deben hacer y no hacer en sociedad, sino también su desarrollo ético y moral.

Todos los niños son guiados por alguien. Si tú como padre no eres su guía principal, entonces otras influencias e individuos asumirán ese papel: la escuela, la televisión, otros adultos, u otros niños a quienes guían otras personas. Hazte esta pregunta: *¿Están recibiendo mis hijos amor y guianza positiva?* La guianza siempre tiene en mente el mejor interés del niño. Su propósito no es que los padres y otros adultos parezcan buenos; su propósito es ayudar a desarrollar en el niño las cualidades que le servirán de provecho en el futuro. El cuarto tipo de frases afirmativas ofrece a tu hijo guianza para el futuro; es un elemento poderoso en el segundo lenguaje de amor.

Con demasiada frecuencia los padres envían el mensaje correcto pero de una forma errónea. Les dicen a sus hijos que se aparten de las drogas, pero sus modos ásperos y crueles pueden de hecho empujarlos hacia ellas. Las palabras que guían deben decirse en un modo positivo. Un mensaje positivo expresado de un modo negativo siempre cosechará resultados negativos. Como dijo un hijo: "Mis padres me gritan y chillan sermoneándome que no grite ni chille. Esperan que yo haga algo que ellos no han aprendido a hacer. No es justo."

Otra dificultad es que muchos padres conciben la guianza paternal como un ejercicio de prohibiciones: "No bebas, pero si lo haces, no conduzcas un auto." "No quedes embarazada." "No fumes." "No pruebes las drogas." "No excedas el límite de velocidad al conducir." Todas éstas son advertencias buenas, pero a duras penas constituyen suficiente orientación para desarrollar una vida con sentido. Por supuesto que la prohibición es parte de la guianza paternal, pero nunca debe ser la mayor parte. En el relato bíblico del jardín del Edén, Dios le dio a Adán y a Eva sólo una negativa; todas las otras orientaciones eran positivas. Les dio algo importante para que llenaran sus vidas con una actividad positiva. Mucho más tarde, cuando los hijos de Israel salieron al monte de Sinaí, recibieron los Diez Mandamientos, cinco de los cuales son positivos y cinco negativos. En el Sermón del Monte de Jesús, Sus orientaciones son abrumadoramente positivas.

Lo negativo es necesario, pero sólo como parte de la guianza que le damos a nuestros hijos. La ley suprema es la del amor, y lo que nuestros hijos necesitan más desesperadamente es la guianza positiva y amorosa. Si podemos guiarlos hacia propósitos positivos y llenos de sentido, es menos probable que caigan presa de los peligros que queremos que eviten. Muchos jóvenes admiten que su primera aventura con las drogas tuvo lugar porque estaban aburridos.

Los padres que ofrecen frases de guianza amorosa estarán observando de cerca los intereses y capacidades de sus hijos y dándoles reafirmaciones verbales positivas a esos intereses. Desde los objetivos académicos hasta las sencillas reglas de etiqueta o el complicado arte de las relaciones personales, es preciso que los padres esten expresándoles su amor en la guianza verbal positiva que le dan a sus hijos.

Los aspectos negativos de la orientación que le damos a los chicos pueden expresarse de un modo amoroso. Es difícil que la gritería dé resultado apetecido. Ni tampoco un recital de todas las faltas de los amigos del niño. Es mucho mejor abordar el problema de una forma amorosa que exprese la preocupación por amigos que están en las drogas; te condueles de que sus amigos hayan hecho una elección tan equivocada. A tus hijos puedes mostrarles artículos sobre accidentes y muertes provocadas por las drogas y el alcohol, y confiarles qué doloroso es para ti pensar que semejante devastación haya barrido las vidas de esos jóvenes y sus familias. Cuando tu hijo escuche tus amorosas expresiones de preocupación por otros jóvenes, es mucho más probable que se identifique con tus ideas que cuando te escucha condenar a la gente que hace semejantes cosas.

CUANDO EL PRIMER LENGUAJE DE AMOR DE TU HIJO SON LAS FRASES DE AFIRMACIÓN

Las palabras "Te quiero" deben sobresalir siempre, de hecho o por implicación. Decir: "Te quiero ... por favor, ¿harías esto por mí?" diluye el tema del amor. Decir "Te quiero, pero ahora tengo que decirte..." anula su efecto automáticamente. La frase "Te quiero" jamás debe diluirse con declaraciones condicionales. Esto es así con todos los niños, pero sobre todo con aquellos cuyo primer lenguaje de amor son las palabras.

A Guillermo y Mary, los padres de Tomás, de diez años, les parecía que éste era muy apático. Habían tratado toda clase de cosas para ayudarlo a interesarse más en la vida, desde deportes hasta un perro, ya estaban al darse por vencidos. Con frecuencia se quejaban con el niño por su actitud, diciéndole que debía estar agradecido de tener padres que lo cuidaban, y también que necesitaba encontrar algún interés que pudiera desarrollar. Llegaron a amenazarlo con llevarlo a un consejero si no se entusiasmaba más por la vida.

Después que Guillermo y Mary asistieron a un seminario acerca de los lenguajes de amor, se preguntaron inmediatamente si el primer lenguaje de amor de Tomás pudiera ser las frases de afirmación. Se percataron de que eso era lo que no le habían dado. En su lugar, lo habían colmado de regalos, abrazos diarios, además de dedicarle tiempo y prestarle servicios. Sus mensajes verbales a Tomás por lo general estaban llenos de condenación.

Entonces desarrollaron un plan: comenzaron a hacer esfuerzos conscientes para dirigirle a Tomás frases de afirmación, empezando por comentarios acerca de lo que les gustaba de él. Cuando se preparaban para el experimento, decidieron que durante un mes se concentrarían en que sus palabras comunicaran el mensaje "Nos preocupamos por ti, te queremos, nos gustas."

Tomás era un niño físicamente atractivo, así que empezaron por hacer comentarios acerca de su apariencia agradable. No vincularían sus frases de afirmación con sugerencia como "Eres fuerte; deberías estar jugando fútbol." Más bien hablarían acerca de su fuerza física y lo dejarían así. También empezaron a observar los aspectos de la conducta de Tomás que los complacía y entonces hacían comentarios agradables. Si le daba de comer al perro, expresaban su aprecio por ello en vez de decir: "¡Ya era hora!" Cuando tenían que orientarlo, trataban de hablar positivamente.

Un mes después Guillermo y Mary informaron: "No podemos creer el cambio en Tomás. Es un niño distinto... quizás porque nosotros somos unos padres diferentes. Su actitud hacia la vida es mucho más positiva. Nos cuenta chistes y se ríe. Le da la comida al perro con frecuencia y hace poco salió con algunos chicos a jugar fútbol. Creemos que vamos por buen camino."

El descubrimiento de Guillermo y Mary los cambió al igual que a Tomás. Aprendieron que el criar hijos no es sólo un asunto de hacer lo que se les ocurre en un momento determinado. Puesto que cada niño es diferente, es esencial comunicarle amor a ese niño en su propio lenguaje primario. La historia de Guillermo y Mary nos demuestra que es posible emplear erróneamente el lenguaje de amor de un niño, infligiéndole sufrimiento y frustración. El lenguaje de amor de Tomás eran las frases de afirmación y ellos le habían dedicado frases de condenación. Semejantes palabras son hirientes para cualquier niño, y son extremadamente destructivas para un niño cuyo lenguaje de amor primario sean las frases de afirmación.

Si crees que éste es el lenguaje de amor primario de tu hijo, pero te resulta difícil elogiarlo, te sugerimos que tengas un librito de notas titulado "Frases de reafirmación". Cuando oigas a otros padres elogiando a sus hijos, anótalas en tu librito. Cuando leas un artículo acerca de la crianza de los niños, anota los frases positivas que encuentres. Busca libros acerca de las relaciones entre padres e hijos y anota todas las palabras de aliento que encuentres. Entonces practica decirlas frente a un espejo. Mientras más a menudo las digas, más te las apropiarás. Entonces busca conscientemente oportunidades para decir estos elogios a tu hijo, al menos tres veces al día.

Si te sorprendes retrocediendo a antiguos patrones de condenación o negativismo, dile a tu hijo que lo sientes, que comprendes que esas palabras son hirientes, y que no es así como tú sientes por él. Pídele perdón. Dile que estás tratando de volverte un mejor padre y que lo amas profundamente y quieres comunicarle ese amor con más efectividad. Con el tiempo serás capaz de romper con los antiguos patrones de conducta y establecer otros nuevos. La mejor recompensa de todas es que verás el efecto en el rostro de tu hijo, sobre todo en sus ojos, y lo sentirás en tu corazón. Y es muy probable que tú empieces a recibir frases de elogio de tu hijo: mientras más se sienta amado por ti, más probablemente se sienta impulsado a corresponder.

LO QUE DICEN LOS NIÑOS

Los siguientes cuatro niños cuentan las frases de elogio como su lenguaje de amor primario.

Marta, de ocho años, dijo: "Amo a mi madre porque ella me ama. Cada día me dice que me quiere. Pienso que mi padre también me quiere, pero nunca me lo dice."

Lisa, de doce años, se fracturó un brazo este año: "Sé que mis padres me quieren, porque mientras estaba pasando por malos ratos, tratando de mantenerme al día en la escuela, me animaban. Nunca me forzaban a hacer tareas cuando no me sentía bien, sino que me decían que podía hacerla más tarde. Me decían lo orgullosos que se sentían de mí por empeñarme tanto y que ellos sabían que yo sería capaz de salir bien en los estudios."

David es un activo pequeñuelo de cinco años, extrovertido y confiado en que sus padres lo aman: "Mamita me ama y papito me quiere. Todos los días me dicen: 'Te quiero'."

Jorge, de diez años, ha estado en casas de crianza desde que tenía tres años. Durante los pasados ocho meses ha vivido con Roberto y Beatriz, sus cuartos padres sustitutos. Cuando le preguntamos si ellos lo querían de veras, contestó que sí. Le preguntamos por qué estaba tan seguro y respondió enseguida: "Porque no me gritan ni me chillan. Mis últimos padres sustitutos me gritaban y chillaban todo el tiempo. Me trataban como si fuera basura. Roberto y Beatriz me tratan como una persona. Sé que tengo muchos problemas, pero también sé que ellos me aman."

Para los niños cuyo lenguaje de amor primario son las frases de elogio, para sentir que son amados nada es más importante que escuchar a sus padres y a otros adultos dirigirles frases de elogio y afirmación. Pero lo contrario también es importante por lo grave: las frases de condena los herirán muy profundamente. Las palabras duras y de críticas les hacen daño a todos los niños, pero para aquellos cuyo lenguaje de amor primario son las frases amables, semejantes palabras negativas son devastadoras. Y ellos pueden darles vueltas a estas palabras en su mente durante muchos años.

Por eso, es esencial que los padres y otros adultos importantes en la vida del niño, se retracten en seguida de los comentarios negativos críticos o duros que le hagan. Aunque una disculpa no puede borrar las palabras, el efecto puede disminuirse. Si te percatas de que tienes un patrón de comunicación negativo con tu hijo, puedes alentar a tu cónyuge para que grabe algunos de tus episodios, a fin de que puedas oírte. Esto no sólo puede tener efectos muy calmantes, sino que puede ser un paso hacia la ruptura de patrones negativos de lenguaje. Puesto que la comunicación positiva es tan importante para el éxito de toda relación entre padre e hijo, merece la pena el esfuerzo para romper los viejos patrones y establecer unos nuevos. El bien para tu hijo será enorme, y la sensación de satisfacción que tú ganes será muy gratificante.

Notas

1. Proverbios 18:21.
2. Proverbios 15:1.
3. Helen P. Mrosla, "Todas las cosas buenas", Selecciones *Reader's Digest,* octubre de 1991, pp. 49-52.

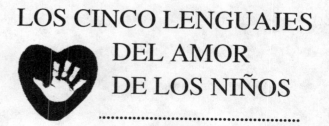

LOS CINCO LENGUAJES
DEL AMOR
DE LOS NIÑOS

....

Toque físico
Palabras de afirmación
Tiempo de calidad
Regalos
Actos de servicio

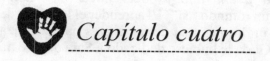

Capítulo cuatro

EL LENGUAJE DE AMOR #3:
EL TIEMPO DE CALIDAD

Sara, de cuatro años, le está halando la pierna a su madre: —Mami, Mami, ¡vamos a jugar!

—Ahora no puedo jugar —replica Gilda.

—Tengo que terminar de hacer esta ensalada de papas. Jugaré contigo después que la termine. Juega ahora tú solita por un momento y después haremos algo juntas.

A los cinco minutos, Sara está de vuelta, pidiéndole que juegue. Gilda le responde:

—Amorcito, te dije que tengo que terminar esta ensalada primero. Ahora, vete y yo me reuniré contigo en unos minutos.

Sara sale de la habitación, pero en cuatro minutos vuelve. Al final la ensalada de papas se termina y las dos juegan juntas. Pero Gilda sabe que la escena se repetirá mañana.

¿Qué podemos aprender de Gilda y Sara? Es muy probable que Sara esté revelando que su lenguaje de amor primario es... el tiempo que le dedican. Lo que en realidad la hace sentirse amada es la atención que su madre le presta a ella sola. Esto es tan importante para ella que vuelve una y otra vez. Sin embargo, Gilda con frecuencia considera estas solicitudes repetidas como intrusiones. Si se prolongan lo suficiente, puede que incluso pierda la paciencia con Sara y la mande a su dormitorio de penitencia para estar sola, exactamente lo opuesto de lo que Sara necesita.

¿Qué debe hacer una madre?, se pregunta Gilda. *¿Es posible amar a una hija y poder hacer mi trabajo?* La respuesta es un rotundo "sí". El aprender el lenguaje de amor primario de un hijo es una de las claves para alcanzar este objetivo. Si Gilda le hubiese dedicado a Sara quince minutos de su tiempo *antes* de comenzar la ensalada de papas, probablemente hubiera preparado la ensalada en paz. Cuando el tanque de amor de un niño está vacío y lo único que puede llenarlo es la atención, ese chiquillo llegará casi a cualquier extremo para conseguir lo que necesita.

Incluso si el lenguaje de amor primario de tu hijo no es el tiempo que le dediques, muchos hijos ansían con vehemencia que sus padres les dediquen toda su atención. En verdad, mucha de la mala conducta de los niños es un intento de conseguir más atención de mami o papi. Incluso la atención negativa parece mejor que ninguna atención para estos niños.

En los últimos años hemos oído mucho acerca del tiempo dedicado a los hijos, sobre todo en los hogares donde ambos padres trabajan o donde hay un solo padre. Y no obstante, mientras más gente está hablando del tiempo que les dedicamos a los hijos, más hijos están hambrientos de él. Aun los hijos cuyos padres los aman de veras, andan por ahí con sus tanques de sentimientos vacíos, y pocos parecen saber qué hacer al respecto.

El tiempo de calidad es atención concentrada. Significa que le consagremos a un niño toda nuestra atención. A la mayoría de los bebés se les dedica muchísimo tiempo: sólo el alimentarlos y cambiarlos le proporciona al niño horas de atención concentrada. Además del cuidado de la madre, los padres hacen su parte cuando están en la casa, y los abuelos y otros familiares pueden ayudar.

Cuando el niño crece, se hace más difícil dedicarle tiempo, porque requiere un verdadero sacrificio de parte de los padres. Es más fácil darle contacto físico y frases de afirmación que dedicarle tiempo. Pocos de nosotros tenemos suficiente tiempo para hacer todo lo que necesitamos y deseamos hacer; consagrarle tiempo a un niño pudiera significar que tendremos que abandonar algunas de las preferencias en nuestra lista personal. Mientras los hijos crecen hacia la adolescencia, con frecuencia necesitan tiempo justo cuando nosotros los padres estamos exhaustos, agitados o extenuados emocionalmente.

El tiempo consagrado a un hijo es un regalo de la presencia de su padre. Contiene este mensaje: "Eres importante. Me gusta estar contigo." Hace que el niño sienta que él es la persona más importante en el mundo de sus padres. Se siente amado de verdad porque tiene a sus padres del todo para sí.

Cuando pasas tiempo especial con los niños, necesitas descender a su nivel de desarrollo físico y emocional. Cuando están aprendiendo a gatear, por ejemplo, puedes sentarte en el suelo con ellos. Cuando dan sus primeros pasos, deberías estar cerca, animándolos. Cuando ya juegan en las cajas de arena y aprenden a tirar y patear una pelota, estás allí. Cuando su mundo se amplía hasta la escuela, lecciones de diversas clases, los deportes, la iglesia y las actividades comunitarias, durante todo el tiempo tú estás junto a ellos. Mientras mayor es el hijo, más difícil puede ser, sobre todo cuando uno trata de dedicarle a cada hijo un tiempo mientras sigue participando en sus actividades públicas.

ESTAR JUNTOS

El factor más importante en la calidad del tiempo, no es el hecho en sí, sino pasar un rato juntos haciendo algo. Cuando a Nelson, de siete años, le preguntamos cómo sabía si papá lo quería, contestó: "Porque hace cosas conmigo. Cosas como tirar pelotas de baloncesto y lavar el automóvil. Y vamos juntos a la barbería."

El tiempo dedicado no requiere que vayas a algún lugar especial. Puedes dedicarle toda tu atención casi dondequiera, y tu tiempo mejor aprovechado con frecuencia será en el hogar, cuando estás a solas con un hijo. No es fácil encontrar tiempo para estar a solas con cada hijo, y sin embargo, es esencial. En una sociedad donde la gente se está convirtiendo en espectadora en vez de participante, la atención concentrada de los padres es mucho más importante.

En muchos hogares, los hijos echarán de menos sus aparatos de televisión mucho más de lo que echarán de menos a sus padres. Los niños están cada vez más influidos por fuerzas externas a la familia y necesitan fortalecer la influencia del tiempo personal con sus padres. Se requiere un gran esfuerzo para se parar este tiempo de tu agenda, y sin embargo, este esfuerzo es más bien hacer una inversión en el futuro... de tus hijos y tu familia.

Tiempo con cada hijo

Si tienes varios hijos, necesitas buscar tiempo en que puedas estar a solas con cada uno. Esto no es fácil, pero puede hacerse. Piensa en Susana Wesley, quien crió diez hijos. Ella programaba una hora semanal a solas con cada uno. Sus tres varones, Sam, John y Charles Wesley, se convirtieron en poetas, escritores y predicadores; a la pluma de Charles se deben algunos himnos que permanecen como clásicos en la iglesia cristiana. Además de ayudar a sus hijos a aprender a leer, escribir, y matemáticas, les enseñó cortesía y buenas modales, valores morales y vivir sobriamente.

En una época en que las mujeres tenían pocas oportunidades de progresar (la Inglaterra de 1700), ella preparó a sus hijas con una educación completa. La sabia madre una vez le dijo a su hija Emilia: "La sociedad no ofrece oportunidades para la inteligencia de la mujer."[1] Más tarde Emilia se convirtió en maestra. A pesar de no respaldar necesariamente todas sus ideas acerca de cómo criar hijos, podemos admirar la forma en que Susana fijó sus prioridades con respecto a la familia y después las llevó a cabo. La clave para el tiempo dedicado se encuentra en los valores y prioridades que tú como padre determines acariciar y estrablecer en tu hogar.

Contacto visual positivo

El tiempo dedicado debe incluir contacto visual agradable y amoroso. Mirar a tu hijo a los ojos con ternura es un modo poderoso de transmitirle amor a tu hijo. Muchos estudios han demostrado que los padres emplean el contacto visual en primer lugar en forma negativa, lo mismo cuando regañan a un hijo o cuando le dan instrucciones muy explícitas.

La mayor parte de tus contactos visuales deben ser placenteros y amorosos. Si le dedicas esas miradas sólo cuando tu hijo te es agradable, estás cayendo en la trampa del amor condicionado. Eso puede lastimar el crecimiento personal de tu hijo. Tú deseas dar suficiente amor incondicional para mantener lleno su tanque emocional, y una manera clave para hacerlo es mediante el apropiado empleo del contacto visual.

Algunas veces los miembros de una familia se niegan a mirarse unos a otros como forma de castigo. Esto es cruel: los cónyuges e hijos jamás olvidan este tratamiento destructivo. Sobre todo los hijos interpretan el retiro de la mirada como una desaprobación, y esto hace mucho más daño a su autoestima. No permitas que tu demostración de amor hacia un hijo dependa de si el niño te está complaciendo o no en ese momento. Es preciso que le des tu amor constantemente, sin importar lo que suceda, sin tener en cuenta su conducta o cualquier otra circunstancia.

COMPARTIENDO IDEAS Y SENTIMIENTOS

El tiempo dedicado no es sólo para hacer cosas juntos; también es para conocer mejor a tu hijo. Cuando pasas tiempo con tus hijos, descubrirás que el resultado natural con frecuencia son buenas conversaciones acerca de todo lo relacionado con las vidas de todos. A Phil Briggs, durante mucho tiempo profesor de educación en un seminario de California, le encantan los beneficios de irse a jugar al golf con su hijo:

"Mi hijo hablaba muy poco hasta que empezamos a jugar juntos al golf con regularidad." A menudo los Briggs, padre e hijo, conversan de su juego, los golpes y otros detalles en tanto caminan por el campo; pero pronto pasan a conversar de otros temas de la vida diaria. Cuando un padre muestra cómo tirar al aro en baloncesto o patear en fútbol, cómo lavar un auto, o incluso fregar los platos, con frecuencia crea un medio en el cual padre e hijo pueden hablar de asuntos más importantes.

Conversaciones de calidad

Se trata de cuando un padre puede revelar algo de su propia historia, quizás contarle a su hijo cómo eran sus citas cuando paseaba con la madre del chico, y sopesar los temas morales y espirituales. Esta clase de conversaciones "serias" logra una comunicación profunda con el hijo al nivel emocional. Le dice: "Mi padre confía en mí. Yo le importo. Él me ve como una persona importante y me ama." Cuando una madre va de compras con su hija, puede hablar de sus propios temores acerca de su apariencia al ir creciendo, mientras adquieren su primer par de espejuelos o un vestido especial para su graduación. La conversación las acerca y ayuda a la hija a comprender su propio valor (que no se basa en la apariencia).

Los hijos nunca se sacian de su necesidad de conversar de asuntos serios con sus padres y otros adultos. La vida está hecha de este entramado de pensamientos, ideas y sentimientos compartidos. Aprender cómo comunicarse en este nivel les servirá de mucho en sus propias relaciones futuras, inclusive, el matrimonio. Les enseñará cómo cimentar amistades y relacionarse con sus compañeros de trabajo. Les enseñará cómo fabricar sus propios pensamientos y comunicarse de un modo positivo, respetando las opiniones de los demás. Proporcionará un ejemplo de cómo estar en desacuerdo sin ser desagradable.

Debido a que tus hijos aprenderán más hablando contigo de lo que tú pudieras imaginarte, es crucial que pases tiempo conversando sanamente con ellos, no importa cúal sea su edad. Si limitas tus conversaciones con ellos a corregirlos, puede que tus hijos jamás aprendan el valor de la atención positiva. La atención negativa sola no puede satisfacer sus necesidad de amor.

Con los niños más pequeños, uno de los momentos más efectivos para iniciar una conversación es a la hora de dormir, cuando están mas receptivos. Puede que esto se deba a que hay menos distracciones entonces o a que los hijos desean demorar el momento de dormirse. Cualquiera que sea la razón, están atendiendo y esto facilita la conversación seria.

Contar cuentos y conversar

A todos los niños les gustan los cuentos. El leerles es un gran modo de comenzar tu ritual de ir a dormir; y haz de ello una costumbre, porque esto te ayudará a mantener abierta la comunicación cuando van arribando a la adolescencia. En tanto lees un cuento o después, puedes detenerte para permitir que un niño analice sus sentimientos con respecto a los sucesos o personajes y entonces hablen de ellos. Esto es muy importante, puesto que muchos jóvenes hoy en día no parecen comprender que su comportamiento está vinculado a sus sentimientos. Ya que pocos de ellos comprenden sus sentimientos, carecen de una clave para controlar su conducta. Mientras lees un cuento acerca de alguien que se decepciona, por ejemplo, puedes hablarle de la decepción que ha sufrido, junto con la consiguiente tristeza, o enojo o lo que sea el caso.

Recomendamos muy enfáticamente estos cautivadores momentos de conversación. *Tristemente, pocos jóvenes hoy en día entienden cómo encauzar sus sentimientos, sobre todo la cólera.* Esta carencia es la primera razón para el abuso de las drogas, la actividad sexual inadecuada y la conducta y actitudes que desafían la autoridad. Muchos años de conversaciones cálidas e íntimas a la hora de dormir, que incluyen el contarse suave y relajadamente los sentimientos, puede ayudar a prevenir la mayor parte de los profundos problemas de la vida.

Los rituales de la hora de dormir que son cálidos e íntimos, suaves y relajados, suenan a ser exactamente lo opuesto al atareado mundo en el cual viven tantos padres. Para tener éxito en este objetivo es preciso fijar prioridades y entonces resistir la tiranía de lo urgente. No seas una víctima de lo urgente. A la larga, mucho de lo que parece muy apremiante ahora, no importará nunca. Lo que hagas con tus hijos importará para siempre.

HACER PLANES PARA DEDICARLES TIEMPO

Durante los primeros ocho años de la vida de un hijo, puedes iniciar un horario, puesto que la vida del niño gira sobre todo alrededor del hogar. Pero cuando tu hijo crece y toma parte en actividades fuera del hogar, necesitas dedicar más tiempo y esfuerzo planificando dedicarle un rato en familia. De otro modo sencillamente no habrá espacio. He aquí un par de ideas.

Primero, las comidas un acontecimiento natural alrededor del cual puedes planear. A lo largo de los años, la hora de la cena es el tiempo de reunión familiar, puede ser una de las experiencias que más unan de todas las que tendrás. Hemos oído de familias que sólo tienen una cazuela de comida y dejan que cada cual coma cuando llegue a casa. Para aquellos que conocen la calidez y la fuerza que dan las comidas compartidas juntos año tras año, esto suena caótico. Los padres son los únicos que pueden fijar el horario para la familia y decidir cuándo y si ciertos sucesos pueden interrumpir ese horario. Algunas familias logran reunir a todos sus miembros para desayunar. Y tú puedes arreglártelas para almorzar con un hijo una vez al mes.

Segundo, ten en consideración los viajes cortos en que pasan la noche fuera. Benito y su hijo Javier hacen estos viajes cada tres meses. Por lo regular se van a sólo una hora de camino desde el hogar y acampan con su tienda durante un día y medio de ininterrumpida compañía. Alba se lleva a su hija Blanca de doce años a dar una caminata dos noches a la semana. Durante esas noches, su esposo y su hijo lavan los platos y pasan un rato haciendo algo juntos.

Esos son sólo dos ejemplos. Recuerda: el planear pasar un rato juntos no tiene que suprimir la espontaneidad. Siempre puedes cambiar tus planes si quieres; pero si no haces planes, descubrirás que te queda poco tiempo para pasar con tus hijos. Tú planificas citas con otras personas en tu agenda, ¿por qué no con tus hijos? Ellos te agradecerán el hecho de que tú valoras tanto los momentos que pasas con ellos, que estás dispuesto a dejar de lado otras actividades. Y otro derivado de la planificación es que le enseñas a tus hijos cómo administrar su propio tiempo.

El prepararse para dedicar un tiempo a tus hijos requiere más que el simple insertar un día o una hora en tu agenda. El planear esos momentos juntos también quiere decir prepararte tú para ello. Si llegas a la casa bajo la presión de un día de trabajo agobiador, necesitas liberar la tensión del día, aclarar tu mente de los problemas de trabajo, y entonces, concentrarte en tu hogar. Algunas personas lo logran escuchando una cinta magnetofónica de su música predilecta en su camino a casa. Algunos amigos que conozco detienen el auto cerca de la casa y oran. Encuentra lo que puede ayudarte *a ti* a sentirte relajado y optimista, para que tengas la energía que necesitas darle a tu hijo.

Si no puedes prepararte antes de llegar a tu casa, tú y tu cónyuge pueden hacer arreglos para que tengas un momento para ti antes de que empieces a tratar con tu hijo. Puede que sólo necesites cambiarte de ropa a otras más cómodas, servirte un refresco, y dar un paseo por el patio antes de reunirte con la familia. Mientras más recuperado y fresco estés, más capacitado y dispuesto estarás para la familia.

CUANDO EL LENGUAJE DE AMOR PRIMARIO DE TU HIJO ES EL TIEMPO QUE LE DEDIQUES

Si el primer lenguaje de amor de tu hijo es el tiempo que le dediques, puedes estar seguro de esto: Sin un suministro adecuado de tiempo dedicado y atención concentrada, tu hijo sentirá una intranquilidad que se lo come por dentro, pensando que sus padres no lo aman de veras.

Alberto era un bombero que trabajaba cuarenta y ocho horas y descansaba veinticuatro. Durante sus días de servicio él permanecía en el cuartel de bomberos; cuando estaba fuera de servicio, él y otro compañero bombero con frecuencia pintaban casas para ganar un dinero adicional. Entretanto su esposa Elena trabajaba de noche como enfermera y dormía de día. Las noches en que ambos estaban trabajando, su abuela se quedaba con los niños, Julián, de ocho años, y Delia, de seis.

Alberto y Elena empezaron a preocuparse por Julián, quien con el tiempo parecía ausente. Elena comentó con una amiga:

—Si tratamos de conversar con él, no responde. Cuando era más pequeño, era muy hablador.

—Antes de que empezara en la escuela, yo estaba todavía en casa todo el tiempo, él y yo íbamos al parque casi todas las tardes. Él hablaba sin cesar y estaba lleno de vida. Ahora ha cambiado tanto que me tiene preocupada pensando que algo anda mal. Alberto no lo nota tanto como yo, porque él nunca ha pasado tanto tiempo con Julián como yo, pero yo sí puedo percibir la gran diferencia.

La amiga de Elena, Rosa, había acabado de leer *Los cinco lenguajes del amor* y recordaba el capítulo donde se relacionan los lenguajes de amor con los niños. Así que Rosa le dio a Elena un ejemplar y le sugirió que eso pudiera ayudarla con Julián. Dos semanas después Elena le dijo a Rosa:

—Leí el libro y pienso que sé cuál es el lenguaje de amor primario de Julián. Al recordar cuánto él disfrutaba nuestros ratos juntos, y lo hablador y entusiasta que era, y darme cuenta de que todo cambió cuando él comenzó en la escuela y yo empecé a trabajar, pienso que estos dos últimos años puede haber estado hambriento de amor. He estado satisfaciendo sus necesidades materiales, pero no las emocionales.

Ambas amigas conversaron de cómo Elena podría lograr encontrar tiempo en su agenda para dedicarle a Julián. Puesto que su tiempo disponible eran los mediodías y las tardes, ella había estado dedicando ese tiempo a hacer los quehaceres domésticos, las compras y alguna salida de noche ocasional con sus amigas, y alguna rara noche para salir con Alberto. También revisaba las tareas de Julián. Elena decidió que si se lo proponía, podría dedicarle una hora dos veces a la semana para pasarla con Julián.

—Quizás pudiera llevarlo al parque donde acostumbrábamos a ir. Pudiera traerme algunos buenos recuerdos a mí también.

Tres semanas después Elena le contó a su amiga:

—Está dando resultado; Julián y yo hemos estado pasando una hora juntos dos veces a la semana desde que tú y yo hablamos, y estoy viendo cambios palpables en su respuesta a mí. Cuando mencioné por primera vez el volver al parque no pareció muy entusiasmado. Pero al final del paseo, pude ver asomarse al antiguo Julián. Decidimos ir al parque una vez a la semana y salir a comer helado la otra. Julián está empezando a hablar más, y puedo decirte que está respondiendo emocionalmente a nuestro tiempo juntos.

»De paso le he pedido a Alberto que lea el libro— añadió Elena—. Creo que necesitamos aprender a hablar el lenguaje de amor de cada uno. Sé que él no está hablando el mío, y no creo que yo esté hablando el suyo tampoco. También es posible que Alberto vea la importancia de pasar más tiempo con Julián.

LO QUE DICEN LOS NIÑOS

He aquí cómo cuatro niños revelan claramente que su lenguaje de amor primario es el tiempo que le dedican:

Berta, de ocho años, tiene un destello en los ojos casi todo el tiempo: "Sé que mis papás me quieren porque hacen cosas junto conmigo. Algunas veces todos hacemos cosas, incluso mi hermanito menor, pero ambos hacen cosas sólo conmigo." Cuando le preguntamos qué clase de cosas, respondió: "Mi Papi me llevó a pescar la semana pasada. No estoy muy segura de que me guste pescar, pero me gusta estar con Papi. Mami y yo fuimos al zoológico al día siguiente de mi cumpleaños. Mi lugar favorito fue la casa de los monos. Observamos uno mientras se comía una banana. Fue divertido."

Gerardo tiene doce años. "Sé que mi papá me quiere porque pasa tiempo conmigo. Hacemos muchas cosas juntos. Tiene entradas para todo el año para ver los juegos de fútbol de Wake Forest y no nos perdemos uno. Sé que mi mami también me quiere pero no pasamos mucho tiempo juntos porque ella a menudo no se siente bien."

Francisco, de diez años, dijo: "Mi mami me quiere. Ella asiste a mis juegos de fútbol y después vamos a comer juntos. No sé si mi papá me quiere. Él decía que sí, pero nos abandonó y no lo he vuelto a ver.

Marcia tiene dieciséis año: "¿Que cómo sé que mis padres me quieren? Principalmente porque siempre están a mi disposición. Puedo conversar de cualquier cosa con ellos. Sé que serán comprensivos y tratarán de ayudarme a tomar decisiones sabias. Los echaré de menos cuando vaya a la universidad dentro de dos años, pero sé que puedo contar con ellos siempre."

Para esos niños que anhelan pasar un rato con sus padres, y para todos los otros también, el regalo de la atención concentrada de un padre es un elemento esencial para asegurarse de que se sientan amados. Cuando pasas tiempo con tus hijos, estás creando recuerdos que durarán toda la vida. Tú quieres que tus hijos sientan la bendición de los recuerdos que se lleven de los años que pasaron en tu hogar. Tendrán recuerdos sanos y alentadores cuando sus tanques emocionales se mantengan llenos. Como padre, puedes grabarle con memorias sanas y asegurarle una estabilidad, equilibrio y felicidad por el resto de su vida.

Notas

1. Sandy Dengler, Susanna Wesley (Chicago: Moody, 1987), 171.

LOS CINCO LENGUAJES DEL AMOR DE LOS NIÑOS

....

Toque físico
Palabras de afirmación
Tiempo de calidad
Regalos
Actos de servicio

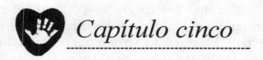

Capítulo cinco

EL LENGUAJE DE AMOR #4:
LOS REGALOS

Cuando le preguntamos a Raquel, de diez años, por qué estaba tan segura de que sus padres la querían, contestó: "Ven a mi dormitorio y te lo mostraré." Una vez allí, me señaló a un gran osito de peluche: "Me trajeron esto de California." Y tocando un payaso relleno muy suave, dijo: "Me compraron esto cuando empecé el primer grado. Y este monito tonto me lo trajeron cuando fueron de viaje a Hawaii por su aniversario." Prosiguió paseándose por la habitación, señalándome más de una docena de regalos que había recibido de sus padres a lo largo de los últimos años. Todos tenían un lugar especial, mostrando el amor de sus padres.

El dar y recibir obsequios puede ser una poderosa muestra de amor, tanto en el momento en que se dan como, a menudo, durante muchos años. Los regalos más significativos se convierten en símbolos de amor, y aquellos que transmiten de verdad el amor son parte de un lenguaje de amor. Sin embargo, para que los padres hablen realmente el cuarto lenguaje de amor -los regalos- el niño tiene que sentir que a sus padres de veras les importa. Por esta razón, los otros lenguajes de amor tienen que entregarse junto con el obsequio. El tanque emocional del amor necesita estar lleno en todo momento a fin de que el regalo exprese el amor de corazón. Esto significa que los padres tienen que emplear una combinación del contacto físico, las frases de elogio, el dedicarles tiempo y el prestarles un servicio, para mantener lleno el tanque del amor.

Sandra contó cómo los lenguajes de amor le estaban ayudando a comprender mejor a sus dos hijas: Mayra, de seis, y Marta, de ocho. "Mi esposo y yo con frecuencia salimos en viajes de negocios y las niñas se quedan con su abuela. Mientras estamos lejos, les compro algo. A Marta la entusiasman mucho más los regalos que a Mayra, y habla de ellos tan pronto llegamos a casa. Da saltos excitada mientras sacamos los regalos y todo se vuelve "¡Oh!" y "¡Ah¡" cuando abren los paquetes. Entonces busca un rincón especial en su dormitorio para ellos y quiere que veamos dónde los puso. Cuando vienen sus amigas, siempre les enseña su último obsequio."

Por el contrario, aunque Mayra es cortés y agradece los obsequios de sus padres, la entusiasma mucho más que le cuenten del viaje. Mayra "se nos acerca para escuchar cada detalle de nuestro viaje," informa Sandra. "Habla por separado con cada uno de nosotros y después, juntos, y parece beberse hasta el último detallito que le contamos. Por otro lado, Marta hace pocas preguntas acerca de dónde hemos estado y lo que hemos visto."

Cuando alguien le preguntó a Sandra lo que pensaba hacer con su nuevo conocimiento, contestó: "Bueno, seguiré comprando obsequios para las niñas, porque me gusta. Pero ahora no me lastima cuando Mayra no se ensusiasma como Marta. Eso me molestaba porque pensaba que Mayra no era agradecida. Ahora comprendo que nuestra conversación significa para Mayra lo que el regalo para Marta. Tanto mi esposo como yo nos estamos esforzando más para dedicarle a Mayra más tiempo despues de un viaje y todo el resto del año también. Y queremos enseñarle a Mayra el lenguaje de los regalos tanto como esperamos enseñarle a hablar a Marta el lenguaje del tiempo de calidad."

LA GRACIA DE DAR

Dar y recibir regalos como una forma de expresar amor es un fenómeno universal. La palabra *regalar* viene del francés *régaler* "agasajar", y éste de *galer* "divertirse, festejar". Dar algo a alguien sin recibir compensación material alguna, agasajar a alguien con un don inmerecido. La idea detrás de esto es que si el regalo es merecido, entonces es un pago. El verdadero regalo no es el pago por servicios prestados, sino más bien, es una expresion de amor hacia el beneficiado, que el donante da libremente . En nuestra sociedad, no todos los obsequios son tan sinceros. Sobre todo en el mundo de los negocios, mucho de ello es una compensación por hacer negocios con una cierta compañía, o un soborno con la esperanza de que alguien haga negocios en el futuro. El objeto no se da sólo para beneficiar a quien lo recibe, sino que es un modo de agradecerle el haber hecho una contribución financiera o es una solicitud para que la haga en un futuro.

Cuando los padres hacen regalos a los hijos, es preciso hacer la misma distinción. Cuando un padre ofrece un obsequio si el hijo limpia su dormitorio, éste no es un verdadero regalo sino un pago por servicios prestados. Cuando un padre promete un cono de helado a un hijo si éste mira la televisión durante la siguiente media hora, el helado no es un regalo, sino un soborno destinado a manipular la conducta del niño. Aunque el niño no conozca las palabras *retribución* o *soborno,* sí entiende el concepto.

A veces los padres que tienen toda la intención de darle un verdadero obsequio, pueden actuar de forma confusa si ignoran la profunda necesidad emocional de amor que tiene el hijo. De hecho, un hijo que no se siente amado de veras, con facilidad puede interpretar mal un regalo, pensando que se ha dado con condiciones. Una madre, bajo grandes tensiones y sin entender a su hijo, le dio una nueva pelota de béisbol. Más tarde la encontró en el inodoro.

—Mario, ¿qué hace tu pelota aquí? ¿No te gusta?

—Lo siento— respondió lacónico Mario.

Al día siguiente la encontró en el latón de basura. Otra vez le preguntó, y él se limitó a bajar los ojos y decir:

—Lo siento.

Más tarde la mamá aprendió a concentrarse en mantener lleno el tanque de los sentimientos de Mario, sobre todo a la hora de ir a dormir. Pronto empezó a notar un cambio. A las pocas semanas, le regaló un bate de béisbol, y esta vez él la abrazó y le dijo con una sonrisa: —¡Gracias, mami!

Mario es un caso típico de hijos sumisos que tienen tanques emocionales vacíos. Estos niños rara vez demuestran su dolor y sus necesidades abiertamente, pero descubren sus sentimientos de forma indirecta. El desechar o no hacerle caso a los regalos es un ejemplo clásico de este tipo de niño que necesita que le "rellenen el tanque".

SACARLE PARTIDO
AL DAR

El don de dar tiene poco que ver con el tamaño y el costo del obsequio. Tiene que ver todo con el amor. Quizás recuerdas a un abuelo que te comentó cómo había recibido una naranja además de una pieza de ropa muy necesitada, en una dura Navidad durante la Depresión. Hoy los padres no siempre pensamos en las necesidades como regalos sino como cosas que tenemos que proporcionarles a nuestros hijos, y sin embargo, con frecuencia les damos esas cosas con todo el amor de nuestros corazones para su sincero beneficio. Destaquemos esos obsequios. Si no entregamos esos regalos como expresiones de amor, nuestros hijos pueden acostumbrarse a recibirlos como "algo que es de esperar" y no reconocer el amor que hay detrás de los regalos.

He aquí una sugerencia para que un regalo común se convierta en una expresión de amor: Tómate el tiempo a fin de envolver las nuevas ropas para la escuela y entregarlas cuando la familia está sentada a la mesa para cenar. Para el niño, el desenvolver un regalo le proporciona un estremecimiento emocional, y tú puedes demostrar que cada obsequio, tanto si es una necesidad como si es un lujo, es una expresión de tu amor. Destacar así toda clase de regalos también le enseñará a tus hijos cómo reaccionar a los que les den otros. Cuando les das con gracia, quieres que ellos te correspondan con gracia, tanto si el regalo es grande como pequeño.

Una advertencia para cuando les compres juguetes a tus hijos como regalos: En la tienda de juguetes necesitas verdadera sabiduría. La mera cantidad de objetos disponibles significa que tienes que ser muy selectivo. Esta cantidad es multiplicada por los anuncios de la televisión que hacen desfilar los últimos juguetes ante los ojos de los niños, creando así deseos que no existían sesenta segundos antes y que pueden desaparecer al día siguiente. Pero entre tanto, muchos niños están seguros de que tienen que poseer el juguete que acaban de ver en la televisión.

No permitas que los anuncios determinen lo que comprarás para tus hijos. Examina los juguetes detenidamente, haciéndote preguntas como: "¿Qué mensaje le comunica este juguete a mi hijo? ¿Es un mensaje con el cual me siento cómodo? ¿Qué puede aprender mi hijo jugando con este juguete? Su efecto general ¿tiende a ser positivo o negativo? ¿Cuán duradero es el juguete? ¿Cuál es su duración natural? ¿Tiene un atractivo limitado o volverá mi hijo a buscarlo vez tras vez? ¿Podemos permitirnos comprar este juguete?" Jamás compres un juguete que no es necesario si no puedes darte el lujo de comprarlo.

No todos los juguetes tienen que ser educativos, pero deben cumplir algún propósito positivo en la vida de nuestros hijos. Cuídate de comprar juguetes cumputarizados de alta tecnología que pueden poner a tu hijo en contacto con escalas de valores que están lejos de los de tu familia. Ya tendrán una dosis más que suficiente de esto en la televisión, de los vecinos y de los compañeros de la escuela.

REGALAR DE FORMA
DISTORSIONADA

Ten cuidado. A menudo viene la tentación de abrumar a los hijos con regalos como substitutos de los otros lenguajes de amor. Por muchas razones, los padres a veces recurrimos a los obsequios en vez de *regalarle* a los hijos nuestra presencia. Para algunos que crecieron en familias que no funcionaban bien, parece más fácil regalar que implicarse emocionalmente. Otros pueden carecer del tiempo, la paciencia o el conocimiento para saber cómo darle a sus hijos lo que éstos realmente necesitan. Aman a sus hijos de veras, pero parecen no entender cómo proporcionarles la seguridad emocional y el sentido del propio valor que ellos necesitan.

En nuestra sociedad apresurada y opulenta, en que los padres casi siempre están lejos del hogar la mayor parte de las horas en que los hijos están despiertos y más de la mitad de las madres trabajan fuera del hogar, muchos sienten una abrumadora sensación de culpa por no pasar suficiente tiempo con la familia. Para sustituir su compromiso personal con sus hijos, muchos padres tiran la casa por la ventana comprándoles obsequios. Esos padres están tratando de usar el dar regalos como un remedio universal para su estilo de vida descontrolado.

Este abuso en el regalar es sumamente común cuando un hijo está viviendo bajo la custodia de uno de los padres después de una separación o un divorcio. El otro padre, que no lo tiene consigo, a menudo se siente tentado a abrumar al hijo con regalos, quizás por el dolor de la separación o el sentimiento de culpa por haber abandonado a la familia. Cuando estos regalos son excesivamente caros, mal escogidos y usados para establecer un contraste con lo que puede permitirse el padre que tiene la custodia, en realidad son un modo de soborno, un intento de comprar el amor del hijo, incluso pueden ser una forma subconsciente de atacar al padre que tiene la custodia.

Quizás al final los hijos que reciben estos regalos mal orientados vean lo que en realidad son; pero entre tanto, están aprendiendo que al menos un padre considera que los regalos pueden substituir al verdadero amor. Por esto los hijos pueden volverse interesados y manipuladores, cuando aprenden a controlar los sentimientos y la conducta de la gente con el inapropiado uso de los regalos. Esta clase de sustituto puede tener resultados trágicos en el carácter y la integridad de los hijos.

Esto nos hace recordar a Susana, quien está criando tres hijos sola. Hace tres años se divorció de César, que ahora vive en medio de lujos con su segunda esposa. En lo económico, Susana y los hijos meramente se sostenían y los niños se mostraban ansiosos de visitar a papá. Lisa, Carlitos y Andrea, de quince, doce y diez años respectivamente, veían a su papá dos fines de semana al mes, y éste los sacaba a dar paseos caros, como esquiar y navegar. No en balde deseaban visitarlo -allí era donde se divertían- y se quejaban cada día más de que se aburrían en casa. Casi siempre volvían cargados de regalos espléndidos, y se mostraban cada vez más airados contra Susana, sobre todo en los días siguientes a su visita al padre. César los estaba volviendo contra Susana, mientras trataba de ganar su cariño para él. No se daba cuenta de que cuando los chicos crecieran, llegarían a despreciarlo por manipularlos.

Afortunadamente, Susana fue capaz de convencer a César para asistir a consejería con ella y buscar una forma sana de tratar con sus hijos. De entrada, esto significaba dejar a un lado las diferencias y resentimientos del pasado para que pudieran esforzarse juntos hasta satisfacer las necesidades emocionales de sus hijos. Durante la consejería, ambos se volvieron expertos en llenar tanques de amor. Cuando César empleó todos los cinco lenguajes de amor para relacionarse con sus hijos, y aprendió a usar el dar regalos como un lenguaje de amor en vez de un instrumento de manipulación, los niños respondieron estupendamente. Aunque todavía es poco común que las parejas divorciadas trabajen conjuntamente de este modo por el bien de sus hijos, cada vez más padres están intentando hacerlo.

Otro abuso al dar regalos tiene lugar cuando los padres que les muestran a sus hijos los muchos matices del amor, siguen abrumándolos con tantos regalos que sus dormitorios parecen jugueterías desorganizadas. Con tanto exceso, los obsequios pierden su especialidad; el niño tiene más juguetes de los que en realidad puede disfrutar. Al final, ninguno de los regalos tiene significado alguno, y al niño llega a serle del todo indiferente recibirlos o no. Los juguetes le parecen una carga, porque sus padres esperan que él los mantenga en orden.

Abrumarlos con demasiados regalos es como llevarlos a una tienda de juguetes y decirles: "Todo esto te pertenece." El chico puede entusiasmarse al principio, pero al poco tiempo está corriendo en todas direcciones y jugando solo sin juguetes. Los juguetes apropiados deben enseñar al niño a concentrar su atención a fin de disfrutarlos. Para que esto suceda, es posible que los padres y abuelos necesiten dar menos y escoger con cuidado los regalos que tengan un significado en vez de ser impresionantes.

REGALAR CON SENTIDO

Cuando le das a tus hijos, necesitas tener en mente algunas orientaciones. Los regalos deben ser genuinas expresiones de amor. Si son el pago por servicios prestados, o un soborno, no debes llamarles obsequios, sino reconocer lo que son. De este modo, los verdaderos regalos escogidos para beneficiar a tus hijos y como una expresión de amor, podrán ser disfrutados por lo que son.

Excepto por Navidad y los cumpleaños, muchos regalos debieran ser escogidos tanto por ti como por tus hijos. Sobre todo cuando van creciendo y tienen más opiniones acerca de sus ropas, zapatos, mochilas, etc. Tus hijos también tienen deseos con respecto a sus juguetes, y aunque no puedas darles todo los que deseen, querrás tomar en consideración sus preferencias. Esto implica discernir si el deseo es momentáneo o perdurable, sano o enfermizo, y si el juguete tendrá un efecto positivo o negativo. Cuando puedas, es sabio seleccionar un regalo que el niño realmente desee.

Y recuerda: no todos los obsequios salen de una tienda. Puedes escontrar un regalo especial mientras caminas por una calle curva o incluso al atravesar una zona de parqueo. Flores silvestres, piedras raras, aun ramas de formas peculiares pueden ser regalos cuando se envuelven en papel bonito o se entregan de modo original. También los regalos pueden hacerse con objetos caseros. Los niños pequeños no tienen el concepto del dinero y no tienen en cuenta si el regalo es hecho o comprado. Si el presente estimula su imaginación, puede tener mucho significado y servir de vínculo que te una a tu hijo.

EL ANILLO DE ALINA

Antes dijimos que algunos niños que no reaccionan con mucho entusiasmo cuando reciben un regalo, años después pueden llegar a valorarlos mucho más. Sergio descubrió eso años después que su hija rechazó su obsequio. Mientras viajaba por el extranjero, Sergio le compró un anillo a su hija Alina de doce años, y se lo dio al volver a casa. Ella no le hizo mucho caso y lo dejó en un cajón de su tocador.

Sergio se sintió desairado, pero al fin se olvidó del anillo. Al llegar a la adolescencia Alina le dio a sus padres muchos disgustos con su conducta, al punto de que Sergio perdió las esperanzas en el futuro. Incluso cuando Alina tuvo una recuperación drástica en su actitud y comportamiento, su padre todavía no estaba muy convencido de que estuviera bien. Dudaba de su sinceridad y esto hizo muy difícil para ambos dar el primer paso hacia la relación íntima que anhelaban los dos.

Entonces un día Sergio notó que Alina estaba usando el anillo que él le había dado hacía tanto tiempo, antes de que comenzaran sus problemas. Los ojos se le llenaron de lágrimas al comprender que su hija estaba tratando de decirle que ella había vuelto a sus cabales y ahora era digna de confianza.

Cuando Sergio le preguntó si eso era lo que quería decir, ella reconoció que eso era lo que deseaba: que le tuvieran confianza mientras se desarrollaba y cambiaba. Los dos lloraron juntos; y Alina sigue de lo mejor.

Este relato demuestra qué símbolo tan importante puede ser un regalo. Es probable que Alina nunca hubiese caído en los graves problemas que experimentó si sus amantes padres hubieran mantenido lleno su tanque emocional. Era preciso satisfacer sus necesidades emocionales antes de que ella pudiera ser capaz de recibir o apreciar un regalo con la misma intención con que se le daba.

CUANDO EL LENGUAJE DE AMOR PRIMARIO DE TU HIJO ES RECIBIR REGALOS

La mayoría de los niños reaccionan positivamente a los obsequios, pero para algunos, su lenguaje de amor primario es recibir regalos. Uno puede inclinarse a pensar que es igual con todos los niños, a juzgar por la forma en que piden cosas. Es cierto que todos los niños -y los adultos- desean tener más y más. Pero aquéllos cuyo lenguaje de amor primario es recibir regalos reaccionan distinto cuando reciben su obsequio.

Estos siempre harán un gran acontecimiento del recibir el regalo. Querrán que esté envuelto o al menos que se les entregue de un modo original y único. Esto todo forma parte de la expresión del amor. Mirarán el papel, tal vez hablarán del lazo. Con frecuencia tendrán exclamaciones de asombro y éxtasis mientras abren el paquete. Dará la impresión de que para ellos es una gran cosa... y lo es. Se están sintiendo de un modo muy especial mientras abren el paquete y quieren que uno les dedique toda su atención mientras lo hacen. Recuerda, para ellos éste es el grito del amor. Consideran el regalo como una extensión de ti y de tu amor, y quieren compartir este momento contigo. Una vez que hayan abierto el regalo, te abrazarán o te darán las gracias con efusión.

Estos niños también dedicarán un lugar especial en su habitación al nuevo obsequio para poder exhibirlo con orgullo. Le hablarán de él a sus amigos y te lo enseñarán una y otra vez en los días subsiguientes. Dirán cuánto les gusta. El regalo ocupa un lugar especial en sus corazones porque es de hecho una expresión de tu amor. El ver el regalo les recuerda que les amas. No les importa si el regalo fue hecho, encontrado o comprado, si era algo que deseaban o no. Lo que importa es que tú pensaste en ellos.

LO QUE DICEN LOS NIÑOS

Los siguientes comentarios de niños revelan que, para ellos, el recibir regalos es el lenguaje que mejor comunica el amor.

Fabián, de cinco años, estaba hablando con su abuela después de su segundo día en el kindergarten: "Mi maestra me quiere, Nana. Mira lo que me regaló." Y le mostró una regla azul brillante con grandes números impresos en ella: la evidencia del amor de su maestra.

Luisa, de seis años, nos preguntó: "¿Alguna vez han conocido al hombre del amor? Está allí," dijo, señalando a un viejo caballero. "Él les regala goma de mascar a todos los niños." Para Lisa, ése era el hombre del amor porque hacía regalos.

Mirella, de quince años, cuando le preguntaron cómo sabía que sus padres la amaban, respondió sin vacilar señalando su blusa, falda y zapatos, y diciendo: "Todo lo que tengo, me lo han dado ellos. Para mí, eso es amor. Me han dado no sólo lo imprescindible, sino mucho más de lo que necesito. De hecho, les presto a mis amigas cosas que sus padres no les pueden comprar."

Luis, de dieciocho, ingresaba en la universidad en pocas semanas. Cuando le preguntamos cuán fuerte él consideraba el amor de sus padres, en una escala de cero a diez, inmediatamente respondió: "Diez." ¿Por qué diez? "¿Ven este automóvil?", preguntó señalando a un Honda rojo. "Mis papás me lo dieron. En realidad no lo merecía porque no me esforcé mucho en el bachillerato, pero me dijeron que ellos querían que yo supiese que estaban orgullosos de mí. Este auto fue una expresión de su amor. Todo lo que tengo que hacer es ocuparme de cambiarle el aceite y el mantenimiento.

"Mis padres siempre han sido así. Me han dado todo lo que he necesitado: todos mis equipos de deporte en la secundaria, toda mi ropa, todo. Son las personas más generosas que conozco. He tratado de no aprovecharme de su generosidad, pero estoy seguro de que me aman. Ahora que me voy a la universidad, sé que los voy a echar mucho de menos."

Para un hijo así, los regalos son más que objetos materiales. Son expresiones de amor tangibles que les hablan muy hondo. Por eso es sumamente traumatizante para ellos que los regalos se destruyan o se pierdan. Y, si el padre que se los dio lo mueve o lo daña o, en un arranque de cólera dice: "Me arrepiento de haberte dado eso," el hijo puede quedar devastado emocionalmente. El lenguaje de amor primario se ha hablado en forma negativa, y el hijo sentirá un dolor agudo.

Estos niños necesitan tener llenos sus tanques de amor; no pueden crecer a plenitud sin ello. Recuerda, tu hijo puede no darse cuenta ahora de cuánto le estás dando, aun cuando sigas llenándole su tanque de amor. Pero según vayan creciendo, pueden recordar y comprender que tu amor y tu presencia han sido el mejor regalo de todos.

LOS CINCO LENGUAJES DEL AMOR DE LOS NIÑOS

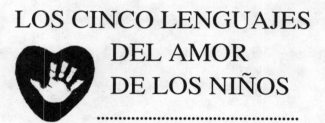

....

Toque físico
Palabras de afirmación
Tiempo de calidad
Regalos
Actos de servicio

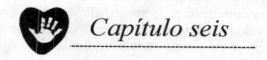 *Capítulo seis*

EL LENGUAJE DE AMOR #5: PRESTARLES UN SERVICIO

Jeremías acaba de empezar a trabajar en su primer empleo a tiempo completo, y hace planes para casarse el próximo verano. También se acuerda de su niñez: "Pienso que lo que me hizo sentirme más amado, fue que mis padres trabajaban tan duro para que nada me faltara. Recuerdo todas las comidas que mami preparaba, aun cuando trabajaba afuera, y la vez en que papi me ayudó a reparar un viejo cacharro que compramos juntos cuando yo tenía dieciséis años."

El joven de veinticuatro años prosigue con sus recuerdos: "Las cosas pequeñas y las grandes: ¡hicieron tanto para ayudarme! Ahora me doy cuenta mucho más que entonces, pero incluso en aquel tiempo yo sabía que estaban trabajando muy duro por mí, y siempre lo he agradecido. Espero poder hacer lo mismo por mis hijos algún día."

Algunas personas hablan de lo que se hizo por ellos como de su lenguaje de amor primario. Aunque tu hijo no lo haga, debes saber esto: La paternidad es una vocación de servicio. El día que te percatas de que tendrás un hijo, te enrolas en ese servicio a tiempo completo. Tu contrato exige un mínimo de dieciocho años de servicio, pero consciente de que estarás en la "reserva activa" durante muchos años más.

Como padre que debes servir, probablemente has descubierto otra verdad acerca de este lenguaje de amor: el hacer algo por otros exige mucho física y emocionalmente. Por lo tanto nosotros los padres tenemos que prestarle atención a nuestra propia salud física y emocional. Para la salud física, necesitamos patrones equilibrados de sueño, alimentación y ejercicio. Para la salud emocional, es crucial entenderse a uno mismo y mantener unas relaciones matrimoniales de respaldo mutuo.

¿A QUIÉN SIRVES?

Cuando pensamos en servir a alguien, tenemos que preguntarnos: "¿A quién sirvo?" No es solamente a nuestros hijos. Como cónyuge, sirves a tu pareja, haciendo las cosas que le complacerán a fin de expresarle tu amor. Quieres mantener lleno el tanque de amor de tu pareja con tus servicios. Puesto que tus hijos necesitan una madre y un padre que les proporcionen un modelo equilibrado de vida, el reservar tiempo para tus relaciones maritales es parte esencial de una buena paternidad.

Por supuesto, como padres, ambos sirven a los hijos, pero tu motivación primordial no es complacerlos a ellos. Tu propósito principal es hacer lo mejor. Lo que pudiera complacer más a tus hijos en ese momento probablemente no sea el mejor modo de expresar tu amor. Pon tres barras de caramelo en la cajita de almuerzo de un niño y saltará de alegría, pero no le estarás dando lo mejor. Al servir a tus hijos, el motivo principal -hacer lo mejor- significa que tú estás tratando de llenar sus tanques de amor. Y para cubrir esa necesidad de amor, deberás emplear tus servicios conjuntamente con los otros lenguajes de amor.

Una advertencia mientras exploramos el último lenguaje de amor: No consideres lo que haces en su servicio como un modo de manipular a tus hijos. Eso es fácil de hacer, porque cuando son jóvenes, los niños desean regalos y que los sirvan mucho más que cualquier otra cosa. Pero si nosotros los padres cedemos a los deseos o incluso reclamos de tener demasiados obsequios y demasiado servicio, nuestros hijos pueden permanecer como chiquillos que sólo piensan en sí mismos y volverse egoístas. Sin embargo, esta advertencia no debe impedir que los padres empleen los lenguajes de los servicios y los regalos como es debido.

Los servicios que les prestamos pueden volverse un modelo para que tus hijos aprendan a obrar con responsabilidad y a servir a los demás. Pudieras preguntarte cómo tus hijos desarrollarán su propia independencia y capacidad si tú los sirves. Mas cuando expresas tu amor mediante los servicios que les prestas, haciendo las cosas que ellos pueden no ser capaces todavía de hacer por sí mismos, estás estableciendo un modelo. Esto les ayudará a escapar de la tendencia a pensar sólo en sí mismos, para ayudar a otros; ése es nuestro objetivo final como padres (ver la sección "El Propósito Final del Servicio").

ADECUANDO EL SERVICIO
A LA EDAD

Los niños que tienen llenos sus tanques de amor, se inclinan mucho más a imitar ese modelo de servicio amante, que los niños que no están seguros del amor de sus padres. Tales actos de servicio tienen que adecuarse a la edad. Debes hacer por tus hijos lo que ellos no pueden hacer por sí mismos. Es obvio que cuando lleguen a los seis años no estarás dándole la comida todavía. Tender la cama a niños de cuatro años es un servicio lógico, pero los que han llegado a los ocho, son ya capaces de hacerlo por sí mismos. Los hijos no tienen que esperar a irse a la universidad para aprender a operar una lavadora ni una secadora de ropa: ¡las universidades no enseñan a hacerlo! Los padres que están demasiado ocupados para enseñar a sus hijos cómo lavar su ropa o son tan perfeccionistas que no les permiten hacerlo, no los están amando, sino haciéndolos unos inútiles.

Por lo tanto, los servicios que les prestamos tienen un paso intermedio: servimos a nuestros hijos, pero tan pronto están listos, les enseñamos cómo valerse por sí mismos, para después servir a otros. Por supuesto, eso no siempre es un proceso cómodo o rápido. Toma más tiempo enseñar a un niño a preparar una comida, que prepararla uno mismo. Si tu único objetivo es poner la comida en la mesa, bien puedes prepararlas todas. Pero si tu meta es amar a tus hijos -buscando sus mejores intereses- querrás enseñarles a cocinar. Pero antes y durante ese tiempo, lo que mejor puede motivar a tus hijos es ver tus genuinos actos de amor por la familia cuando los sirves a lo largo de los años.

Recuerda, también, que algunos servicios que tú les prestes a tus hijos provienen de habilidades sumamente desarrolladas que tienes y que ellos puede que jamás adquieran. Todos tenemos distintas aptitudes, y en el seno de una familia todos podemos servirnos unos a otros con nuestras habilidades únicas. Como padres debemos tener cuidado de no forzar a nuestros hijos a ser réplicas nuestras o, peor aun, hacer realidad los sueños que nunca pudimos concretar nosotros mismos. Más bien deseamos ayudarlos a desarrollar sus propias habilidades, dedicarse a sus propios intereses, y convertirse en lo mejor que puedan, empleando los dones que Dios les concedió.

TIRO DIRECTO

Muchos padres que desean que sus hijos desarrollen sus habilidades e independencia, se inclinan demasiado en la dirección de dejar que sus hijos se las arreglen por sí solos. Hugo y Katia, de Colorado, eran así. Eran ejemplos de espíritu emprendedor de una vigorosa independencia y confianza en sí mismos, y querían criar a sus dos varones del mismo modo. Vaqueros hasta la médula, parecía que se acababan de bajar de una diligencia del Oeste.

Después que Hugo y Katia asistieron a mi seminario (de Gary) sobre matrimonio, y oyeron acerca de los cinco lenguajes de amor, llegaron a la conclusión de que el servicio no podía ser uno de ellos.

Hugo me dijo:—No creo que los padres deban hacer por los hijos lo que ellos puedan hacer por sí mismos. ¿Cómo se les va a enseñar a ser independientes si se les siguen haciendo las cosas? Tienen que aprender a hacer frente a sus problemas.

—¿Los chicos cocinan sus comidas?—le pregunté.

—Esa es responsabilidad mía, pero ellos hacen todo lo demás —respondió Katia.

—Ellos cocinan cuando están de viaje y lo hacen muy bien —añadió Hugo. Era evidente que estaban muy orgullosos de sus hijos

—Cuando se hablaba de los lenguajes de amor, ¿tienen alguna idea de cuál pueda ser el lenguaje de amor primario de sus hijos.

—No sé —dijo Hugo.

—¿Creen que sus hijos se sienten realmente amados?

—Supongo que sí. Deberían al menos.

—¿Tendría el valor de preguntarles? —lo sondeé.

—¿Qué quiere decir?

—Quiero decir, hablar a solas con cada uno y decirle: 'Hijo, quiero hacerte una pregunta que nunca te he hecho, pero para mí es importante: ¿Tú sientes que yo te amo? Contesta sin ambages que de veras necesito saberlo'.

Hugo guardó silencio por un rato, y al final dijo:

—Eso será duro. No creo que sea necesario.

—No es necesario —respondí—, pero nunca sabrá cuál es su lenguaje si no les pregunta.

Hugo regresó a casa con mis palabras resonando en sus oídos: "Nunca lo sabrá si no les pregunta." Así que empezó con su hijo menor, Ricardo, con quien habló detrás del establo cuando estaban solos. Le hizo la pregunta que yo le había sugerido y Ricardo se la contestó.

—Por supuesto, papá, tú me dedicas tiempo. Cuando vas al pueblo, siempre me llevas contigo. En el camino procuras que haya tiempo para que hablemos. Siempre he pensado que era muy especial que me dedicaras tanto tiempo, estando tan ocupado como estás —cuando Hugo se atragantó, Ricardo le preguntó:

—¿Te pasa algo? Tú no te irás a morir ¿verdad?

—No, no voy a morirme. Sólo quería estar seguro de que tú supieras que yo te quiero.

Esta fue una experiencia emocional tan estremecedora, que a Hugo le tomó una semana reunir el valor para hablar con su hijo de diecisiete años, Andrés. Una noche en que ambos estaban solos después de comer, se volvió hacia su hijo y le preguntó:

—Andrés, quiero hacerte una pregunta que jamás te he hecho antes, pero es importante para mí. Puede ser duro para ti, mas quiero que me contestes sin ambages, porque realmente necesito saber cómo te sientes. ¿Crees de verdad que yo te quiero?

Después de un largo silencio, Andrés dijo:

—No sé cómo decírtelo papá. Me imagino que me quieres, pero algunas veces no sé si es así. A veces pienso que tú no me quieres en absoluto.

—¿Cuándo es eso, hijo?

—Cuando te necesito y tú no me ayudas. Como la vez en que se inició un incendio y te avisé con Ricardo que necesitaba tu ayuda. Él volvió con tu respuesta de que tú sabías que yo podía hacerlo solo. Ricardo y yo logramos sofocarlo, pero me quedé preguntándome por qué no habías acudido. Me repito una y otra vez que fue porque estabas tratando de hacerme independiente, pero sigo sintiendo que no me amas.

»Aquella vez cuando yo tenía diez años y te pedí que me ayudaras con las matemáticas porque no las entendía —prosiguió Andrés—. Tú me contestaste que yo podía hacerlo solo porque era muy listo. Yo sabía que tú podías haberme ayudado si sólo me hubieses explicado cómo hacerlo. Me sentí abandonado a mi suerte. O aquella vez en que el carretón se atascó y te pedí que me ayudaras a sacarlo. Me contestaste que yo lo había atascado y podía arreglármelas para sacarlo. Yo sabía que podía sacarlo solo, pero quería que me ayudaras.

»Esas veces he sentido que no te importaba. Como te dije, sé que me quieres, pero no siempre lo siento.

Eso era más que suficiente para hacer llorar a un vaquero.

—Andrés, lo siento mucho —dijo Hugo—. No sabía cómo te sentías. Debía haberte preguntado antes. Quería que fueras independiente y tuvieras confianza en ti mismo... y así eres. Estoy muy orgulloso de ti, pero quiero que sepas que te quiero. La próxima vez que necesites ayuda, estaré allí a tu disposición. Espero que me des otra oportunidad —los dos se abrazaron en la silenciosa cocina.

Hugo tuvo su oportunidad siete meses después, cuando un carretón se atascó en el arroyo. Los muchachos batallaron más de dos horas y no pudieron sacarlo. Finalmente Andrés mandó a Ricardo a buscar a su padre. Ricardo no podía creer en la reacción de su padre cuando inmediatamente ensilló el caballo y galopó con Ricardo hasta el arroyo. Cuando el carretón quedó libre, a Ricardo le pareció extraño que su papá abrazara a Andrés y le dijera:

—Gracias, muchacho. Te lo agradezco.

La sanidad que comenzó en la cocina, se consumó en el arroyo. Un rudo ranchero había aprendido una tierna lección.

SERVICIO AMOROSO

Debido a que el servicio a un hijo es constante durante tantos años y está implícito y relacionado con tantas otras obligaciones, a los padres puede olvidárseles que las tareas diarias y mundanas que llevan a cabo son expresiones de amor con efectos a largo plazo. A veces pueden llegar a sentirse más como esclavos que como servidores amorosos, de los cuales abusan los cónyuges, los hijos y otros. Sin embargo, si asumen esta actitud, el hijo lo percibirá emocionalmente, y sentirá que está recibiendo muy poco amor de esos servicios que se le prestan.

El servicio amoroso no es esclavitud, como algunos temen. La esclavitud es impuesta desde afuera y se cumple a regañadientes. El servicio amoroso es un don, no una necesidad, y se lleva a cabo libremente, no bajo coerción. Cuando los padres sirven a sus hijos con un espíritu de resentimiento y amargura, se satisfacen las necesidades físicas del niño, pero su desarrollo emocional sufrirá mucho.

Debido a que el servicio es diario, aun los mejores padres necesitan detenerse de cuando en cuando a revisar su actitud, para estar seguros de que sus actos de servicio están comunicando amor.

EL PROPÓSITO FINAL
DEL SERVICIO

El objetivo final de prestarles servicios a los hijos es ayudarlos a convertirse en adultos maduros que sean capaces de dar amor a otros mediante actos de servicio. Esto incluye no sólo el ser servicial con los seres queridos, sino también servir a personas que en modo alguno son capaces de devolver o pagar esa bondad. Cuando los hijos viven con el ejemplo de padres que sirven a la familia *y* a aquellos que están fuera de las paredes de su hogar, aprenderán a servir también.

La Biblia sugiere que el sacrificio de servir es una forma de agradar a Dios. Mientras cenaban en casa de un prominente líder religioso, Jesús le dijo a su anfitrión:

> *Cuando hagas comida o cena, no llames a tus amigos, ni a tus hermanos, ni a tus parientes, ni a vecinos ricos; no sea que ellos a su vez te vuelvan a convidar, y seas recompensado. Mas cuando hagas banquete, llama a los pobres, los mancos, los cojos y los ciegos; y serás bienaventurado; porque ellos no te pueden recompensar, pero te será recompensado en la resurrección de los justos.* [1]

¡Qué palabras tan poderosas! Eso es lo que queremos para nuestros hijos: que sean capaces de servir al prójimo con compasión y amor genuinos. Pero nuestros hijos son inmaduros. Son egoístas por naturaleza y no puede esperarse que sirvan a otros con altruismo. Quieren ser retribuidos por su buena conducta. Toma bastante tiempo para que sean capaces de dar amor por medio del servicio altruista.

PARA DESEMPEÑAR EL PAPEL
DE MODELOS

¿Cómo podemos alcanzar ese objetivo final? Primero, asegurémonos de que nuestros hijos se sientan genuinamente amados y cuidados, manteniendo llenos sus tanques emocionales.

Al mismo tiempo, nosotros somos los modelos de ellos. Somos nosotros los que les damos los primeros ejemplos de servicio amoroso. Cuando van creciendo y son capaces de mostrar agradecimiento, podemos cambiar poco a poco de las órdenes a las peticiones. Las peticiones no exigen. Es difícil para los niños sentirse bien al dar gracias cuando se les está ordenando que lo hagan. Hay una diferencia entre: "Dale las gracias a tu padre" y "¿Le darías gracias a papá?" Hacer peticiones es más sosegante, impide la cólera y nos ayuda a ser positivos y agradables.

Según los hijos van madurando, perciben más y más lo que se está haciendo por ellos, y también se dan cuenta de lo que se ha hecho en el pasado. Por supuesto que no recuerdan a nadie cambiándoles los pañales o dándoles el biberón. Pero ven a otros padres cuidando a sus bebés de esta forma y saben que ellos también disfrutaron de los mismos actos de servicio. Con la seguridad de ser genuinamente amados, son capaces de agradecer que se les preparen y sirvan comidas. Están más conscientes de la dedicación con que sus padres les hacen cuentos y juegan con ellos, les enseñan a pasear en bicicleta, los ayudan a hacer sus tareas, los cuidan cuando están enfermos, los consuelan cuando se sienten tristes, los llevan a lugares especiales, y les compran golosinas y regalos.

Finalmente estos niños se darán cuenta de que sus padres hacen cosas en favor de otros. Aprenderán cómo atender a un enfermo o darle dinero a los menos afortunados. Desearán participar en proyectos de obras para ayudar a otra gente, sobre todo las aventuras que los sacarán de su rutina familiar. No tienen que viajar lejos para encontrar a esos menos afortunados. En la mayoría de los pueblos de todos los tamaños, hay necesitados. Tu familia, tanto sola como con una iglesia o un grupo comunitario, puede dedicar un día o una semana a ofrecer sus servicios para una misión, un campamento para niños pobres, una cocina o almacén para necesitados o un asilo. Cuando los padres y los hijos trabajan juntos en esas obras de servicio, la actividad se convierte en una poderosa lección acerca del gozo de ayudar a otros.

Y, por supuesto, hay esas oportunidades ocasionales más inusitadas, para servir en el extranjero trabajando o mediante organizaciones particulares. Un año me ofrecí de voluntario como médico en una misión de una agencia cristiana: la Wycliffe Bible Translators, en Bolivia. Toda la familia Campbell fue y ayudó. Recuerdo haber tratado en nuestra clínica a un indito de tres años que tenía una grave fractura en una pierna. Durante seis semanas estuvo inmovilizado con tracción, incapaz de moverse. Muchos niños misioneros sirvieron al niñito. Me conmovió mucho cuando en Navidad nuestra Carey, que entonces tenía ocho años, le regaló a la hermana del niñito su más preciado regalo de Navidad: una muñeca nueva.

PARA CAMBIAR LA CONDUCTA
DE TU HIJO

El meollo del servicio social y misionero es un deseo que brota del corazón de ayudar a otros con nuestros actos de servicio. Sin embargo, los padres pueden perder el rumbo y de hecho impedir que sus hijos sean capaces de dar de sí mismos sin egoísmo. Debemos tener cuidado, en nuestro servicio a ellos, de jamás mostrar amor condicional. Si los padres dan de sí mismos a sus hijos sólo cuando están complacidos con su conducta, esos actos de servicio son condicionales. Nuestros observadores hijos aprenderán de que una persona debe ayudar a otros sólo si obtienen algo a cambio.

Muchos padres quieren cambiar la conducta de sus hijos. Los sicólogos nos dicen que el más transitado camino hacia el cambio es mediante la modificación del comportamiento: una forma de relacionarse con la gente que la retribuye o castiga por ciertos comportamientos mediante reforzamientos positivos o negativos. Hay un lugarcito para esto en el trato con los niños, como, por ejemplo, con problemas recurrentes que el niño no tiene intención de cambiar. Pero la modificación del comportamiento no debe estar conectado con prestarles servicio a otras personas. Eso es manipulación.

En vez de eso, nuestros actos de servicio deben llevarse a cabo por la preocupación altruista y el amor. Semejantes motivos pueden, con el tiempo, cambiar la conducta de nuestro hijo.

Una actitud predominante en nuestra sociedad es "¿Qué gano yo con eso?" Y sin embargo, eso es exactamente lo opuesto del lenguaje de amor de los actos de servicio (y contrario al meollo del servicio social y misionero del cristiano). Debido a que en la década de los setenta la modificación del comportamiento estaba en auge, eso ha afectado a muchos padres que están criando a sus hijos ahora. Ustedes pueden ser de los chicos que se criaron en esta clase de esquema vital. Ahora ustedes quieren que sus propios hijos se desarrollen como personas íntegras. Quieren que sean buenos y generosos con otros, sobre todo los menos afortunados, sin esperar algo a cambio. Y se preguntan si eso es posible en nuestra sociedad materialista y avariciosa.

Por supuesto que es posible, pero depende mucho de ustedes. Tus hijos necesitan ver en ustedes los rasgos que deseas que ellos desarrollen. Necesitan recibir los servicio que ustedes les prestan a ellos y participar en tus cuidados hacia otra gente. Puedes enseñarles con el ejemplo para mostrar cuidado por otros.

EL EJEMPLO DE LA HOSPITALIDAD

Una de las mejores maneras de hacer esto es recibiendo a otros en tu hogar. La hospitalidad familiar es un gran tesoro, porque al prestar este servicio, las personas llegan a conocerse unas a otras de verdad y a formar una vigorosa amistad. Cuando abres tu casa a otros, tus hijos aprenden este modo significativo de compartir el amor con los amigos y la familia.

Es interesante observar que la gente tiende cada día más a dar fiestas en restaurantes en lugar de en su casa. Pero la tibieza e intimidad de un hogar es especial. Es importante patrocinar buenas relaciones con otras personas y en un hogar se logra con más profundidad.

Durante los primeros años de la década de los setenta, en la familia Chapman recibíamos cada viernes a los estudiantes de la universidad. Los estudiantes venían de las escuelas cercanas, incluyendo la de Wake Forest University, y allí se agrupaban entre veinte y sesenta estudiantes. Nuestro programa era simple: A las 8:10 P.M. conversábamos acerca de asuntos morales, sociales y racionales, sacados de un pasaje de la Biblia. Después se repartían refrescos seguidos de conversaciones informales. A medianoche los despedíamos.

Nuestros hijos, Shelley y Derek, eran jóvenes en esos años y entraban y salían de las reuniones. No era raro encontrar a uno de ellos durmiendo en el regazo de un estudiante cerca de la chimenea, o entablando conversación con alguien. Los estudiantes eran como de la familia, y los niños esperaban ansiosamente las noches de los viernes.

Con frecuencia, los sábados por la mañana volvían algunos de los estudiantes por lo que llamábamos "Hacer Buenos Proyectos." Los cargábamos en la camioneta y los distribuíamos por la comunidad para rastrillarle hojas a los ancianitos o limpiar los desagües u otros trabajitos que es necesario hacer. Shelley y Derek siempre iban con los demás a participar en estos planes de servir a la comunidad. Y por supuesto que insistían en manejar sus propios rastrillos, aunque su mayor disfrute era saltar sobre las hojas después de rastrilladas.

Como adultos, Shelley y Derek recuerdan esa participación suya con los estudiantes como una parte importante de su niñez. Shelley, quien ahora es una médico OB/GYN, reconoce que el conversar con los estudiantes de la Escuela de Medicina Bowman Gray le produjo una honda impresión que inclinó su vocación. Tanto ella como Derek están muy interesados en la gente. Se sabe que Derek ha invitado a desamparados a su apartamento durante el invierno (¿de veras le enseñamos eso?). Estamos convencidos de que el compartir nuestro hogar con otros y que nuestra familia participara en proyectos de servicio tuvo un efecto profundo y positivo en nuestros hijos.

Trázate como objetivo que tus hijos aprendan a sentirse bien sirviendo a otros. Tus hijos no aprenderán eso solos. Más bien lo aprenderán obervando cómo tú los sirves a ellos y a otros. También aprenderán que tú les das pequeñas responsabilidades para ayudarte a servir. Según van creciendo, puedes aumentar lo que hacen.

CUANDO EL LENGUAJE DE AMOR PRIMARIO DE TU HIJO ES EL SERVICIO

Los actos de servicio que son expresiones genuinas de amor, le hablarán a la mayor parte de los niños a un nivel emocional. Sin embargo, si el servicio es el lenguaje de amor primario de tu hijo, lo que tú hagas por él le hablará mucho más profundamente a Juanito o a Julia de cuánto los amas. Cuando ese niño te pide que le arregles una bicicleta o le cosas el vestido de una muñeca, no sólo quiere que le hagas algo, sino que está clamando por amor. Eso era lo que Andrés le estaba pidiendo realmente a su padre Hugo.

Cuando los padres reconocen estos reclamos y los responden, y le dan la ayuda con una actitud amorosa y positiva, la criatura se irá con su tanque de amor repleto, como Andrés. Pero cuando los padres se niegan a satisfacer sus necesitades, o lo hacen con críticas o malos modos, el niño se irá con la bicicleta reparada, pero también con el espíritu defraudado.

No quiero decir que si el lenguaje de amor primario de tu hijo es los actos de servicio, tú debas saltar a cada solicitud. Quiero decir que debes ser sumamente sensible a esas peticiones y reconocer que tu reacción podrá repletar su tanque de amor o abrirle un agujero. Cada solicitud requiere una reacción pensada y amorosa.

LO QUE DICEN LOS HIJOS

Mira lo que dicen de su lenguaje de amor primario los chicos que presentamos a continuación:

Gloria, de siete años, ha padecido muchos problemas de salud durante los últimos tres años. "Sé que mami me ama porque cuando necesito ayuda con mi tarea, me ayuda. Cuando tengo que ir al médico, deja de trabajar y me lleva. Cuando estoy realmente enferma, me hace mi sopa predilecta."

Ramón, de doce, vive con su madre y su hermano menor. Su padre se marchó cuando él tenía seis años. "Sé que mi mamá me ama porque me cose los botones de mi camisa cuando se caen y también me ayuda con mi tarea todas las noches. Trabaja duro como enfermera para que tengamos comida y ropa. Pienso que mi papá me quiere, pero no hace mucho por ayudar."

Rita, de catorce años, es un poco deficiente mental y asiste a una clase de educación especial en la escuela pública. Vive con su mamá: "Sé que mamá me ama porque me ayuda a tender mi cama y lavar mi ropa. Por la noche, me ayuda a hacer la tarea, sobre todo mi pintura."

María, también de catorce, es la mayor de cuatro hijos. "Sé que mis padres me aman porque hacen muchas cosas por mí. Mami me hizo mi disfraz para la obra teatral de la escuela; de hecho, hizo disfraces para otros dos también. Me sentí muy orgullosa de ella. Papi siempre me ha ayudado con mi tarea, y este año de veras que me ha dedicado tiempo con el Algebra. Yo no podía creer que él se acordara de todo eso."

Para estos niños, lo que sus padres hacen por ellos lo reciben como muestras de amor. Los padres cuyos hijos hablan este lenguaje de amor primario aprenden que sevir es amar. Sirve a tu hijo -y a otros- y él sabrá que tú lo amas.

Notas

1. Lucas 14:12-14.

LOS CINCO LENGUAJES DEL AMOR DE LOS NIÑOS

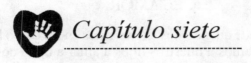 *Capítulo siete*

CÓMO DESCUBRIR EL LENGUAJE DE AMOR PRIMARIO DE TU HIJO

T e hemos presentado cada uno de los cinco lenguajes de amor, y te has dado cuenta cómo los niños describen un lenguaje en particular que les habla muy directamente a ellos. No obstante, todavía puedes preguntarte: *¿Cuál será el lenguaje de amor primario de mi hijo? No estoy seguro de saberlo.* Puede que tome tiempo discernir cuál sea el de tu hijo, pero hay pistas por dondequiera. Este es nuestro capítulo detective, en el cual te ayudamos a descubrir el lenguaje de amor primario de tu hijo.

Antes de que empieces a despejar la incógnita de esas pistas, sin embargo, consideremos otra razón crucial por la que merece la pena la búsqueda. Hemos mencionado que hablar el lenguaje de amor primario de tu hijo ayuda a que se sienta amado. Cuando tu hijo se sienta amado, cuando su tanque emocional esté lleno, reaccionará más positivamente a la guía paternal en todos los ámbitos de su vida. Pondrá atención sin resentimiento. Pero hay otra gran razón igualmente importante para aprender el lenguaje de amor de tu hijo y todos los otros cuatro también: cuando nos expresamos con amor en los cinco lenguajes, en tanto nos especializamos en el suyo propio, le enseñamos cómo amar a otros y la necesidad que tiene él mismo de aprender a hablar los lenguajes de amor de los demás.

APROVECHANDO AL MÁXIMO EL AMOR

¿Qué sucede cuando nos expresamos en los cinco lenguajes? Le enseñamos a nuestros hijos a amar a otros con todos los lenguajes. Por lo tanto, les ayudaremos mientras crecen a volverse sensibles a las necesidades de los demás. Como tú, tus hijos necesitan ser capaces de dar amor y alimentar el espíritu en todos los lenguajes. Esta habilidad les hará unas personas mejor equilibradas que puedan desempeñase bien en sociedad. En tanto hacen esto, pueden expresarse en los lenguajes de amor para satisfacer sus propias necesidades y ayudar a otros.

Todos los niños son egoístas, por lo que con frecuencia no se percatan de la importancia de comunicarse en modos que no les son familiares ni cómodos. Por ejemplo: a un niño puede serle difícil compartir las cosas y, por lo tanto, dar regalos. A otro puede gustarle la soledad, y por eso, serle difícil comprender la necesidad que sienten las personas gregarias porque les dediquen tiempo. Un tercer niño puede tener una tendencia tan fuerte a depender de la conducta que se le haga difícil expresarse verbalmente. Ese es con frecuencia el caso de los muchachos muy callados. Ayudar a un niño así a expresarse verbal, afirmativa y extrovertidamente es una importante muestra de amor de parte de los padres. Así él aprenderá el importante lenguaje de las palabras de aliento.

Cuando, como padres, aprendemos a expresarnos en el lenguaje de amor de nuestros hijos, aunque sea diferente del nuestro, les estamos mostrando el modo de ser altruista, el modo de servir a los demás. Les estamos guiando a una parte muy importante del camino para llegar a adulto: el dar de sí y cuidar de otros. Imagínate, por ejemplo, que todos nuestros hijos aprendan a valorar el lenguaje de amor #5, los actos de servicio. Las asociaciones comunitarias que andan pidiendo voluntarios para campañas de limpiar la ciudad tendrían la mayoría de las calles cuidadas en los días señalados; dispondrían de montones de voluntarios para el programa de "bienvenida a los vecinos". Las iglesias tendrían una lista de espera de gente que desearía ayudar en los comités de trabajos y servir tras bambalinas.

TOMA TIEMPO

Sabiendo esto, deberíamos estar de acuerdo en que es importante expresarle nuestro amor a nuestros hijos en todos los cinco lenguajes, y en que es crucial aprender el lenguaje de amor primario de nuestros hijos. ¿Cómo descubrimos cuál es?

Toma tiempo. Con un bebé, tienes que expresarle amor en todos los cinco lenguajes; así es como se desarrollará emocionalmente. De ese modo, aun entonces puedes empezar a ver pistas de su preferido ...si los empleas todos con liberalidad. Por ejemplo, un niño puede apenas reaccionar a la voz de su madre, mientras que para otro puede resultar muy apacible. Un bebé puede calmarse con la cercanía de una persona, en tanto otro no parece notarla mucho.

Según crece tu hijo, empezarás a ver que uno de los lenguajes de amor le habla mucho más profundamente de tu amor que los otros; también, cuando ése en particular se emplea negativamente, tu hijo se siente muy herido. Recuerda esas dos verdades acerca de los cinco lenguajes de amor y serás muy efectivo al expresar tu amor y menos destructivo si te enojas o te sientes impotente con tu hijo.

El descubrir el lenguaje de amor de tu hijo es un proceso; toma tiempo, sobre todo cuando tu hijo es pequeño. Los hijos pequeños están precisamente aprendiendo cómo recibir y expresar amor en los diferentes lenguajes. Esto significa que experimentarán con actos y reacciones que les satisfagan. El hecho de que durante un tiempo se inclinen hacia uno en particular, no significa que ése sea su lenguaje de amor primario. Puede que a los pocos meses se aficionen a otro.

Observando crecer a Cami

En la familia Campbell nos ha intrigado observar a nuestra nieta Cami, relacionarse con los personas mayores de un asilo cercano a la casa donde vive su bisabuela. Aun cuando tenía dos o tres años, Cami se deleitaba dibujando para los residentes y regalándole un dibujo a cada uno. También se aseguraba de que su bisabuela recibiera suficientes tarjetas y regalos en su cumpleaños y en Navidad, aun cuando ésta padecía de la enfermedad de Alzheimer y no la reconociera. Hubiese sido fácil para nosotros suponer que el lenguaje de amor primario de Cami era los actos de servicio. Sin embargo, eso hubiera sido una equivocación, puesto que era demasiado pequeña para que alguien pudiese deducir eso con certeza. Al mismo tiempo observamos la necesidad de atención que reclamaba de sus padres, sobre todo los contactos físicos, las miradas, las palabras de afecto y el tiempo que le dedicaban.

Períodos de cambio

En tanto Cami crezca, observaremos su forma de manifestar y de recibir amor, teniendo en cuenta durante todo el tiempo que atravesará períodos en que su lenguaje de amor primario cambiará, sobre todo durante la adolescencia. Mencionamos esto porque queremos que recuerdes que un lenguaje de amor no está grabado en piedra. Aunque es necesario que procures descubrir cuál sea el lenguaje primario de tu hijo, también es preciso que tengas en mente que los niños atraviesan etapas en el amor, como en cualquier otra cosa. Ellos experimentan con maneras de relacionarse, tal como con sus aficiones y con los intereses académicos. Puede parecer que prefieren un lenguaje para recibir amor y otro para darlo. Es preciso que te asegures de no "encasillar" a un niño cuando puede estar cambiando.

Mientras hacemos hincapié en el lenguaje de amor primario de tu hijo en este capítulo, recuerda, por favor, que no puedes descartar los otros cuatro. Tu hijo necesita aprender a dar y recibir amor en todos los lenguajes. Esto es crucial porque en tanto madura, encontrará gente cuyo lenguaje primario es diferente del suyo propio. Mientras más eficientemente sea capaz de expresar amor en todos los lenguajes, más efectivo será como comunicador de amor y gratitud a su futura pareja e hijos, compañeros de trabajo y amigos.

El valor supremo de descubrir el lenguaje de amor primario de tu hijo es que te proporciona el medio más eficaz de comunicarle tu amor por él. Cuando te des cuenta de que tu hijo está desalentado y lo sientas distante, y desees expresarle tu cariño, sabrás cómo enfocar tu amor.

CÓMO DESCUBRIR EL LENGUAJE DE AMOR PRIMARIO

Cuando estás tratando de descubrir el lenguaje de amor primario de tus hijos, es mejor no hablar de eso con ellos, sobre todo si son adolescentes. Por naturaleza los muchachos se centran en sí mismos. Si ven que el concepto de lenguajes de amor es importante para ti, es posible que los empleen para manipular y satisfacer sus deseos momentáneos. Los deseos que expresen pueden tener poco que ver con sus profundas necesidades espirituales.

Por ejemplo, si un muchacho ha estado pidiéndote un par de zapatos deportivos muy caros, puede pensar que la idea de los lenguajes de amor sea un modo de manipularte para que le compres los zapatos. Todo lo que tiene que hacer es decirte que su lenguaje primario es el regalo y que si lo quieres de verdad, le comprarás los zapatos. Como padre concienzudo que quiere realmente averiguar su lenguaje primario, es probable que le compres los zapatos antes de comprender que te ha tomado el pelo. Recuerda, la paternidad positiva no significa que le des a tus hijos todo lo que quieren.

Puedes emplear los métodos siguientes para intentar descubrir el lenguaje de amor primario de tu hijo:

1. Observa cómo tu hijo te expresa su amor por ti

Obsérvalo. Puede muy bien estar hablando su propio lenguaje amoroso. Sobre todo los niños pequeños, quienes muy probablemente te expresarán su amor por ti del modo en que desean recibirlo. Si tu pequeño entre cinco y ocho años te dirige con frecuencia palabras de gratitud como: "Mami, me encantó la cena", o "Gracias, papi, por ayudarme con mi tarea","Te quiero, mami". o "Que pases bien el día, papi", hay razones para sospechar que su lenguaje de amor primario es recibir palabras de elogio y afirmación.

Este método no es tan eficaz con los adolescentes de quince años, y sobre todo con aquellos que son ágiles en manipular. Pueden haber descubierto, intentando distintos métodos, que si te halagan te inclinarás a complacer sus deseos, aunque no estés del todo convencido de que debas hacerlo. Por esta razón es mejor emplear este primer método con chicos entre cinco y diez años.

2. Observa cómo tu hijo le expresa su amor a otros

Si tu hijo de primer grado siempre quiere llevarle un regalo a su maestra, esto puede ser indicio de que su lenguaje de amor primario es hacer obsequios. Sin embargo, ten cuidado de no ser tú quien le sugiere llevar regalos a la maestra. Si lo haces, tu hijo está meramente siguiendo tu sugerencia y el regalo no es una expresión de amor, ni una pista hacia su lenguaje de amor primario.

El niño cuyo lenguaje es el obsequio, siente un enorme placer en recibirlos y quiere que otros disfruten ese mismo placer. Supone que los demás experimentan lo mismo que él cuando recibe regalos.

3. Escucha lo que tu hijo solicita con más frecuencia

Si tu hija te pide con frecuencia que juegues con ella, que se vayan de paseo juntas, o que te sientes y le leas un cuento, está solicitando que le dediques tiempo especial. Si su solicitud parece encajar en este patrón, está pidiendo lo que más necesita emocionalmente, a saber, toda tu atención. Por supuesto que todos los niños necesitan atención, pero con uno que recibe su amor más profundamente de este modo, la cantidad de solicitudes para que le dediques tiempo será mucho mayor que todas las otras.

Si tu hijo pide constantemente tu opinión acerca de su trabajo, entonces su lenguaje amoroso puede ser las palabras de afirmación. Preguntas como: "Mami ¿qué te parece mi dibujo?" o "¿Hice bien mi tarea?" o "¿Me queda bien este vestido?" o "¿Toqué bien la pieza de piano?" son todas peticiones de palabras de afirmación. De nuevo, todos los niños necesitan y desean semejantes palabras y ocasionalmente las pedirán, pero si las peticiones de tu hijo tienden a ser más numerosas en esta vertiente, eso es una pista muy importante de que su lenguaje amoroso es la aprobación verbal.

4. Ten en cuenta de qué se queja tu hijo con más frecuencia

Este enfoque se relaciona con el tercero, pero en lugar de pedir algo directamente, esta vez tu hijo se queja de que no está recibiendo algo de ti. Si se queja: "Tú nunca tienes tiempo para mí", o "Siempre tienes que cuidar al bebé", o "Nunca vamos juntos al parque", probablemente está revelando más que una simple frustración por la llegada del nuevo bebé. Está expresando que desde que éste llegó se siente menos amado por ti. En estas quejas está reclamando claramente que le dediques tiempo especial.

Una queja ocasional acerca de la falta de tiempo dedicado no indica que ése sea su lenguaje de amor primario. Por ejemplo, si dice: "Papi, trabajas demasiado", puede estar repitiendo lo que le ha oído decir a su madre. O "Me gustaría que nuestra familia se fuera de vacaciones como la de Ben" puede expresar el deseo de ser como Ben.

Todo niño se queja de cuando en cuando, y muchas de estas quejas se relacionan con deseos de ese momento y no indican por necesidad que ése sea su lenguaje de amor primario. Pero si las quejas caen dentro de un esquema en que más de la mitad se refieren a un lenguaje amoroso en particular, eso indica mucho. La clave es la frecuencia.

5. Dale a escoger a tu hijo entre dos opciones

Sugiérele a tu hijo que escoja entre dos lenguajes amorosos. Por ejemplo, un padre puede decirle a su hijo de diez años: "Enrique, el jueves por la tarde saldré temprano de la oficina. Podemos irnos a pescar juntos o irte a comprar un par de zapatos. ¿Qué prefieres?" El chico puede escoger entre tiempo dedicado y un regalo. Una madre pudiera decirle a su hija: "Tengo un poco de tiempo libre esta tarde. Podríamos dar un paseo juntas o coserte el dobladillo de la falda nueva. ¿Qué prefieres?" Es obvio que elige entre tiempo dedicado y un acto de servicio.

Mientras le proporcionas opciones durante varias semanas, lleva un registro de lo que escogió cada vez. Si la mayoría se inclinan a un determinado lenguaje de los cinco, es probable que hayas descubierto cuál de ellos hace que tu hijo se sienta amado más. A veces tu hijo no deseará ninguna de las dos opciones y sugerirá otra cosa. Debes mantener un registro de esas solicitudes también, puesto que pueden servir de pistas.

Si tu hijo se pregunta qué te traes entre manos dándole a escoger tan a menudo, y pregunta qué está pasando, puedes decirle: "He estado pensando en cómo puedo invertir mi tiempo con la familia. Cuando pasamos un rato juntos, pensé que sería bueno saber qué piensas y sientes con respecto a cómo pasamos ese tiempo. Me pudiera ser útil. ¿Qué piensas?" Puedes ser tan filosófico o tan simple como quieras. Sin embargo, lo que estás diciendo es verdad. En tanto buscas para descubrir el lenguaje de amor de tu hijo, le estás dando también la oportunidad de escoger.

SELECCIONANDO A FIN DE DESCUBRIR EL LENGUAJE DE AMOR

Alternativas para un niño de cinco años

Las oportunidades de escoger que le ofrezcas a tu hijo dependen de su edades e intereses. A continuación te ofrecemos sólo ejemplos para estimular tu imaginación. A un pequeñín de primer grado puedes decirle:

—¿Preferirías que te hiciera un pastel de manzanas (acto de servicio) o que demos un paseo por el parque (tiempo dedicado)?

—¿Preferirías que retozáramos un rato (contacto físico) o que te leyera un cuento (tiempo dedicado)?

—Mientras estoy fuera de la ciudad por dos días, ¿te gustaría más que te trajera un recuerdo (regalos) o te escribiera un poema que trate de qué magnífico chico tú eres (palabras de afirmación).

—¿Te gustaría que ahora jugáramos nuestro juego favorito 'Me gustas porque...' (palabras de afirmación) o que te arreglara un juguete roto (acto de servicio)?

El juego "Me gustas porque..." es uno en que los padres e hijos se turnan para completar la oración "Me gustas porque...". Por ejemplo, el padre dice: "Me gustas porque tienes una preciosa sonrisa". Entonces el niño puede decir: "Me gustas porque me lees cuentos". El padre dice: "Me gustas porque eres bueno con tu hermana". Este es un modo de dedicar palabras de elogio que el niño disfruta mucho y le enseña a elogiar al padre. El juego también puede incorporar el abecedario de forma que el primer "Me gustas"... comience por A, como: ...porque eres activo. El segundo empiece con B, como en: ...porque eres bella.

Alternativas para un niño de diez años

Si tu hijo se acerca más a los diez años, puedes preguntarle:

—Para tu cumpleaños, ¿preferirías una bicicleta nueva (regalo) o un viaje a la capital conmigo (tiempo dedicado)?

—¿Preferirías que te arreglara la computadora esta noche (acto de servicio) o que jugáramos béisbol (tiempo dedicado y contacto físico)?

—Cuando vayamos este fin de semana a visitar a abuela, ¿preferirías que le contara qué buenas notas sacaste en la escuela este trimestre (palabras de elogio) o que te comprara una sorpresa cuando estemos allá como premio (regalo)? Pudieras escoger ambos.

—¿Preferirías que me quedara a ver tus prácticas de gimnasia (tiempo dedicado) o que te compre un nuevo traje para las prácticas (regalo)?

Alternativas para un quinceañero

Para esta edad pudieran ser más apropiadas otras selecciones.

Tú y tu hijo han comprado un viejo auto que están tratando de arreglar para cuando él cumpla los dieciséis. La opción es: —Este sábado, ¿te gustaría que trabajáramos juntos en el carro (tiempo dedicado) o que yo trabaje solo mientras tú sales con tus amigos (acto de servicio)?

—¿Preferirías que te comprara una chaqueta el sábado por la tarde (regalo) o que los dos nos fuésemos a pasar el día a la cabaña mientras papi está de viaje (tiempo dedicado)?

—Puesto que estaremos solos esta noche en casa, ¿preferirías comer fuera (tiempo dedicado) o que te hiciera tu plato favorito (acto de servicio)?

—Si te estuvieras sintiendo muy deprimido, para poder animarte ¿qué te ayudaría más, que me sentara junto a ti y te dijera cuánto te quiero y te admiro, y por qué (palabras de afirmación) o que sencillamente te abrazara fuerte y te dijera 'Estoy a tu lado en todas las circunstancias' (contacto físico)?

Ofrecer opciones será útil sólo si lo haces con suficiente frecuencia como para ver un patrón que muestre con claridad una preferencia en los lenguajes de amor. Probablemente necesitarás ofrecer entre veinte y treinta elecciones antes de poder ver perfilarse con claridad un patrón. Las respuestas aisladas pueden indicar tan sólo una preferencia de ese momento.

Si decides ser muy original en esto, puedes imaginar treinta posibilidades de escoger, asegurándote de que incluyen un número igual de opciones para cada lenguaje de amor. Entonces enséñaselo como una especie de encuesta de investigación de preferencias. La mayoría de los adolescentes cooperarán en un esfuerzo como ése, y los resultados podrían darte una visión clara del lenguaje de amor de tu hijo.

Un experimento de quince semanas

Si ninguna de las sugerencias anteriores te da una pista muy clara del lenguaje de amor primario de tu hijo, puede ser que ésta te dé resultado. Pero si la empiezas, prepárate para continuarla por todo el período de quince semanas.

Primero, escoge uno de los cinco lenguajes para concentrarte en él durante dos semanas, a fin de expresarle tu amor a tu hijo. Por ejemplo, si empiezas dedicándole tiempo, cada día tratarás de comunicarle tu amor dedicándole al menos treinta minutos de atención exclusiva para él. Un día llévalo a desayunar. Otro día, ensaya un juego de mesa o leer un libro juntos. En tanto le dedicas esta cantidad de atención especial, observa cómo responde. Si al final de las dos semanas, tu hijo está clamando por libertad, ya sabes que tienes que buscar en otro lado. Si, por el contrario, ves un nuevo brillo en sus ojos y le oyes comentarios de lo mucho que está disfrutando el tiempo que pasan juntos, puedes haber encontrado lo que estabas buscando.

Después de dos semanas, tómate un descanso de una semana, sin abandonar el tratamiento por completo, sino dedicándole una tercera parte del tiempo que le dedicabas. Esto permite que la relación se acerque a lo que era antes. Entonces escoge otro lenguaje de amor y concéntrate en él durante las siguientes dos semanas. Por ejemplo, si te decides por el contacto físico, lo acariciarás con emoción al menos cuatro veces al día. Así que, antes de que salga para la escuela, le darás un abrazo y un beso. Cuando regrese a casa, lo recibes con un abrazo apretado. Cuando se siente a la mesa, frótale la espalda por un minuto. Más tarde, cuando esté mirando la televisión, dale palmaditas en la espalda. Repite este proceso cada día, variando tus expresiones de contacto físico, pero siempre acariciándolo al menos cuatro veces al día.

Entonces observa su reacción. Si cuando terminen las dos semanas se echa para atrás y protesta: "¡Ya está bueno de tocarme!" ya sabes que ése no es su lenguaje primario. Pero si se deja llevar, haciendo evidente que le gusta, puedes andar por buen camino.

La semana siguiente, distánciate un poco y observa la reacción de tu hijo. Entonces escoge otro lenguaje de amor y sigue el mismo procedimiento. Manténte observando la conducta de tu hijo en tanto sigues el plan durante las siguientes semanas. Puede que empiece a pedir un lenguaje que ya probaste. Si es así, te está dando una pista. O puede quejarse de que dejaste de hacer lo que hiciste dos semanas atrás; ésa también es una pista.

Si tu hijo te pregunta qué te traes entre manos, puedes contestarle: "Deseo quererte en todos los modos que pueda, para que tú sepas lo mucho que me importas." No menciones el concepto de lenguajes de amor primarios. Y, en tanto prosigues este experimento, ten en mente que tu hijo todavía necesita el amor demostrado a través de todos los lenguajes: palabras cariñosas, atención exclusiva, actos de servicio, regalos apropiados y contacto físico junto con miradas amorosas.

Si tienes adolescentes...

Si estás criando adolescentes, sabes que ese trabajo no se parece a ningún otro en el mundo. A causa de los cambios que experimentan, la forma en que tus adolescentes reciben y dan amor puede variar también con sus cambios de humor. La mayoría de los adolescentes atraviesan períodos que pudieran describirse mejor como "etapas de gruñir", porque todo lo que puede sacárseles es un par de palabras masculladas que suenan como gruñidos:

Mamá: —Hola, querido, ¿cómo te va?

Eduardo: —Bien. (Apenas audible.)

Mamá: —¿Qué has estado haciendo esta mañana?

Eduardo: —Nada. (Apenas audible.)

Un adolescente que atraviesa esta etapa tan difícil puede ser incapaz de recibir ningún lenguaje excepto el contacto físico, y eso sólo cuando sea fugaz. Por supuesto, estos adolescente salen a la superficie de cuando en cuando a respirar, y durante sus ratos más coherentes puedes desear mostrarles todo el amor de que eres capaz, sobre todo en su propio lenguaje primario.

Los adolescentes a veces te hacen muy difícil llenar sus tanques emocionales. Te están probando, para ver si es verdad que los amas. Puede que se hagan los ofendidos sin motivo alguno, haciéndote las cosas más difíciles de lo que deberían ser, o sencillamente con una actitud de rechazo pasivo. Ese comportamiento puede ser su manera subconsciente de preguntarte: "¿De veras me amas?"

Estas conductas son siempre una prueba para los padres. Si eres capaz de permanecer tranquilo y agradable (firme, pero agradable), pasas la prueba y tus adolescentes al final madurarán más allá de esa etapa difícil.

Cuando Danilo tenía trece años, empezó a probar a sus padres. Su padre, Jaime, al principio se sintió frustrado, pero entonces se percató de que había dejado que se vaciara su tanque de amor. Sabiendo que el lenguaje de amor primario de Danilo era el tiempo dedicado, decidió pasar todo un fin de semana con su hijo, llenando ese tanque; tremendo reto pues los adolescentes tienen tanques de amor inmensos. Después de su fin de semana juntos, Jaime sintió que había conseguido su propósito, y resolvió nunca más dejar que se vaciara el tanque de amor de Danilo.

La noche en que regresaron, Jaime tenía una importante reunión, de la que Danilo sabía. Justamente cuando Jaime estaba saliendo, Danilo lo llamó:

—Papá, ¿tienes un minuto? —ahí estaba la prueba. En realidad Danilo estaba preguntando: —Papá, ¿de veras me quieres? Demasiados padres se dejan atrapar por esta prueba y echan todo a perder.

Por suerte Jaime comprendió lo que sucedía y reservó un tiempo para hablar con Danilo. Le contestó:

—Tengo que salir en este momento para mi reunión; pero nos vemos en cuanto vuelva, alrededor de las 9:30.

Si Jaime hubiese perdido la paciencia con Danilo y explotado: "¡Acabo de pasar el fin de semana contigo! ¿Qué más quieres?", le hubiera abierto un hueco en el tanque de amor que acababa de llenar durante cuarenta y ocho horas.

Para volverse políglota

Cualquiera que sea el lenguaje de tu hijo, recuerda que es importante hablar los cinco lenguajes. Es fácil cometer el error de usar un lenguaje de amor y descartar el resto. Esto es típico de los obsequios, porque parecen costarnos menos tiempo y energía. Pero si caemos en la trampa de darle a nuestros hijos demasiados regalos, los privamos de sus tanques de amor saludables y llenos, y también podemos hacerles ver el mundo a través de ojos materialistas.

Además, aprender a hablar los cinco lenguajes de amor nos ayudará a alimentar el espíritu de los demás a lo largo de toda la vida, no sólo a nuestros hijos, sino a sus parejas, amigos y parientes. Ahora estamos enfrascados en formar a nuestros hijos, pero sabemos que en pocos años ellos estarán relacionándose con personas de diferentes clases, la mayoría muy diferentes de ellos mismos.

Como padres necesitamos recordar que aprender los lenguajes de amor es un proceso de maduración, y que el madurar es una travesía lenta, dolorosa y con frecuencia difícil. En tanto nos volvemos políglotas, también ayudaremos a nuestros hijos a aprender cómo dar y recibir en todos los lenguajes de amor. Mientras seamos fieles amando y proporcionando ejemplos, podremos imaginarnos a nuestros hijos encaminándose a sus vidas adultas, siendo capaces de compartir su amor con otros en muchos modos. Cuando esto suceda, ¡serán adultos notables!

LOS CINCO LENGUAJES
DEL AMOR
DE LOS NIÑOS

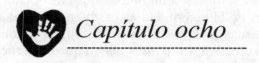 *Capítulo ocho*

LA DISCIPLINA Y LOS LENGUAJES DE AMOR

Cuál de las siguientes palabras es negativa: *amor, tibieza, risa, disciplina?* La respuesta es: ninguna. Al contrario de lo que mucha gente piensa, *disciplina* no es una palabra negativa. *Disciplina* viene de una palabra griega que significa "entrenar". La disciplina implica la tarea larga y vigilante de guiar a un niño desde la infancia a la edad adulta. El objetivo es que el niño alcance un nivel de madurez que le permita un día funcionar como un adulto responsable en la sociedad. ¡Eso sí que es una meta positiva!

El entrenar la mente y el carácter de tu hijo hasta que se convierta en un miembro del hogar y la comunidad, dueño de sí mismo y constructivo, requiere que emplees todo tipo de comunicación con él. Para guiarlo pondrás ejemplos, servirás de modelo, lo instruirás verbalmente, le pedirás por escrito, lo enseñarás y le predicarás sobre la buena conducta, le corregirás la mala conducta, le proporcionarás enseñanza y mucho más. También el castigo es uno de los medios y tiene su lugar, pero en la mayoría de los hogares se abusa del castigo. De hecho, muchos padres suponen que la disciplina y el castigo son sinónimos, y que la disciplina en realidad quiere decir castigo. El castigo es un tipo de disciplina, aunque sea el más negativo (ver página 121).

Muchos padres, especialmente aquellos que no recibieron mucho amor en su propia niñez, tienden a pasar por alto la importancia de formar a un niño. Ellos consideran que la principal tarea de la paternidad es castigar, en lugar de emplear otras formas más positivas de disciplina. Para que la disciplina sea efectiva, los padres tienen que mentener lleno el tanque emocional de sus hijos con amor. De hecho, disciplina sin amor es como tratar de hacer funcionar una máquina sin aceite. Puede que por un tiempo parezca estar andando bien, pero terminará en un desastre.

Debido a la confusión que existe con respecto a la disciplina, en este capítulo nos estamos concentrando en el significado común, correctivo, de la palabra, y en el siguiente capítulo lo haremos en los aspectos de enseñanza y aprendizaje de la disciplina. En ambos casos, exploraremos cómo el lenguaje de amor de tu hijo puede ayudarte a desarrollar la disciplina en él.

GUIÁNDOLO HACIA EL COMPORTAMIENTO MADURO

La definición común y popular de disciplina es el establecimiento de la autoridad paternal, el desarrollo de pautas de comportamiento, y después, el ayudar a los niños a vivir dentro de esas pautas. Históricamente cada cultura ha fijado expectativas de lo que se considera un comportamiento maduro y ha ideado medios a través de los cuales puede lograrse esto. Únicamente en este siglo -y por un corto período de tiempo- alguna gente ha supuesto que los niños no necesitan disciplina. Este enfoque de "carta blanca" hacia la paternidad, que permite que los hijos hagan lo que se les ocurra, no produce hijos felices ni responsables.

Históricamente, toda clase de sociedades han considerado a los seres humanos como criaturas morales. Dentro de la sociedad en general, algunas cosas se consideran correctas y otras incorrectas; algunas son aceptables mientras otras son inaceptables. Aunque las normas difieren según el lugar, ninguna sociedad es amoral. Cada una tiene sus códigos, reglas, leyes y conceptos éticos. Cuando los individuos deciden llevar vidas inmorales, lo hacen en detrimento propio y dañando la sociedad a que pertenecen.

Los padres desempeñan un papel protagonístico en la disciplina de los niños, porque son ellos los que interpretan y transmiten a sus hijos las normas generalmente aceptadas de su cultura. Los bebés no son capaces de decidir cómo vivir, y sin las reglas paternas, un niño no sobreviviría hasta la edad adulta. Durante la infancia, los padres tienen que poner en vigor las reglas por entero y controlar el comportamiento del niño. Esto significa que no permitirán que Juanito gatee hasta meterse en la chimenea encendida, no importa cuánto lo atraigan las llamas que se elevan allí. Más tarde, cuando comienza a caminar, Juanito tiene que mantenerse lejos de las calles, no sea que un auto que pase lo atropelle. Sus padres tienen que mantener las medicinas y sustancias tóxicas fuera de su alcance.

A partir de esta etapa infantil que requiere control total, los padres prosiguen dedicando más de una década a la crianza del niño hasta un nivel aceptable de autodisciplina. Todo hijo tiene que recorrer este camino hacia la madurez, y todo padre tiene que aceptar su responsabilidad en ello. Es una tarea imponente, que requiere sabiduría, imaginación, paciencia y grandes cantidades de amor.

Las normas y métodos para la disciplina varían de familia a familia, aunque no mucho entre las familias de la mayoría de las culturas analfabetas. Sin embargo, en nuestra cultura occidental pluralista, las variaciones son vastas. Desde la Primera Guerra Mundial, el espectro de opinión en Estados Unidos se ha ensanchado hasta convertirse en el más amplio entre las culturas occidentales. Ha progresado y evolucionado un enfoque supuestamente científico respecto al desarrollo del niño. Con él, muchos padres han perdido confianza en el enfoque de sentido común hacia la paternidad; están listos para dejarse guiar por las últimas estadísticas. Los supuestos expertos, ofrecen teorías chocantes y con frecuencia consejos contradictorios. Esto ha generado muchos desacuerdos en cuanto a las normas de disciplina en las familias estadounidense. Por consiguiente los patrones de disciplina varían enormemente en los Estados Unidos. Lidiar con todas las implicaciones de la disciplina está fuera del marco de este libro. Si deseas leer más acerca de esto, en el Apéndice sugerimos algunos libros.

EL AMOR Y LA DISCIPLINA

El amor busca el beneficio de otro; eso mismo hace la disciplina. Por lo tanto la disciplina es con toda certeza un acto de amor. Y mientras más se sienta amado un niño, más fácil es disciplinarlo. La razón es que un hijo tiene que identificarse con sus padres a fin de aceptar su guianza sin resentimientos ni hostilidad, y sin hacer resistencia pasiva. Esto significa que tenemos que mantener lleno el tanque de amor del niño *antes* de administrar la disciplina.

Si el hijo no se identifica con sus padres, considerará cada solicitud u orden paternal como una imposición y se llenará de resentimientos. En casos extremos, el hijo recibirá cada solicitud con tal resentimiento, que en lo que se refiera a la autoridad paterna -y al final, toda autoridad-, se inclinará por entero a hacer exactamente lo opuesto a lo que se espera de él. Esta actitud se ha vuelto sumamente común.

Gilberto tiene diez años. Su padre es un vendedor cuyo empleo le exige estar fuera de la ciudad cuatro o cinco días por semana. Los fines de semana, corta el césped y hace cualquier otra labor doméstica. Ocasionalmente asiste a un juego de fútbol los sábados. Gilberto no lo ve mucho. Puesto que el lenguaje de amor primario de Gilberto es el tiempo dedicado, no siente que su padre lo quiera mucho. Cuando su padre llega al hogar al final de la semana, está agotado física y emocionalmente y no está de humor para contemporizar con chiquilladas. Su disciplina siempre va acompañada de palabras duras dichas con voz airada. Él piensa que lo que Gilberto necesita para convertirse en un joven responsable es eso. Sin embargo, la realidad es que Gilberto resiente mucho la disciplina y tiene miedo de su padre. Tiene pocas ganas de obedecer sus deseos y se pasa la mayor parte del fin de semana esquivando a su papá.

Cualquier observador casual puede ver el vínculo entre la falta de amor del padre y la falta de respeto de Gilberto. Las palabras duras y los tonos airados pudieran ser tolerados por un niño que se sintiera seguro del amor de su padre, pero cuando el tanque de amor está vacío, como en el caso de Gilberto, esa disciplina crea cólera y amargura en vez de responsabilidad.

Si Gilberto se sintiera seguro del amor de su padre, sabría que la disciplina que reciba será, al menos en la idea de su padre, para su bien. Pero como no se siente amado, la considera como un acto de egoísmo. Gilberto se está considerando a sí mismo como poco más que un hermano para su papá, y esto está afectando su propia estima personal de forma muy seria.

Obviamente es crucial que ames a tu hijo incondicionalmente. Puedes hacerlo con más eficacia si conoces y hablas todos los lenguajes de amor. Todo niño necesita este amor incondicional para mantener lleno su tanque emocional. Entonces serás capaz de disciplinar con los mejores resultados posibles. Lo primordial va primero, colegas padres. Practiquen el amor incondicional; y después, disciplinen.

CÓMO AMA UN NIÑO

Antes de que seamos capaces de disciplinar eficazmente a un niño con amor, necesitamos hacernos dos preguntas:

1. ¿Cómo ama un niño?

2. ¿Qué necesita mi hijo cuando se porta mal?

Bueno, ¿cómo ama un niño? De un modo inmaduro. En contraste, los adultos buscan amar de manera incondicional.

Con frecuencia fracasamos y nos conformamos con lo que se llama un amor mutuo. Por ejemplo, Juan siente un profundo amor por Marcia, la cual él quisiera que se enamorara de él. Deseando empezar con buen pie, trata de ser agradable, tranquilo, servicial, bueno, respetuoso y considerado con ella. Puesto que no está seguro del amor de Marcia, no recurre a conducta inmadura, sino que se esfuerza en ganar su amor. Este enfoque racional para obtener amor es conocido como amor mutuo porque Juan está haciendo todo lo que puede porque Marcia corresponda su amor.

Pero un niño ama con un amor que no es ni recíproco ni incondicional. Por ser inmaduro, un niño ama de modo egoísta. Está consciente instintivamente de su propia necesidad de sentir amor... para tener lleno su tanque de amor. No está consciente de que sus padres también tienen tanques de amor que necesitan ser llenados. Su única preocupación real es la condición de su propio tanque de amor. Cuando el nivel es bajo o está vacío, se siente compelido a preguntar frenéticamente: "¿Me quieres?" La forma en que sus padres contesten esta pregunta determina mucho la conducta del hijo, puesto que la causa principal de la mala conducta es un tanque emocional vacío.

Algunos padres piensan que un hijo debería tratar de ganarse su amor y afecto con buena conducta, pero esto es del todo imposible. Un niño por naturaleza prueba nuestro amor constantemente con su conducta. Está preguntando: "¿Me quieres?" Si respondemos "Sí, te quiero", y llenamos su tanque de amor, reducimos la presión y hacemos innecesario que continúe probando nuestro amor. También eso facilita mucho controlar su conducta. Sin embargo, si caemos en la trampa de pensar que nuestro hijo debería "ganarse" nuestro amor con su buena conducta, nos sentiremos constantemente frustrados. También veremos a nuestro hijo como malo, irrepetuoso y desamorado, cuando en realidad necesita que le reafirmemos nuestro amor.

Cuando un niño -mediante su conducta- nos pregunta: "¿Me amas?" puede que no nos guste su conducta. Si el niño se siente muy desesperado, su comportamiento se volverá impropio. Nada desespera más a un niño que la falta de amor. Sin embargo, *no* tiene sentido exigir buena conducta de un niño sin asegurarse primero de que se siente amado. Eso es responsabilidad nuestra; primero tenemos que mantener lleno su tanque emocional empleando todos los lenguajes de amor, y haciendo hincapié en su lenguaje primario.

La segunda pregunta que debemos hacernos a fin de disciplinar con amor es: "¿Qué necesita mi hijo cuando se porta mal?" En lugar de eso, cuando un niño se porta mal, muchos padres se preguntan: "¿Qué puedo hacer para corregir su conducta?" Si se hacen esa pregunta, la respuesta lógica es: "Castigarlo". Esa es una de las razones para que se abuse del castigo, en vez de que los padres escojan modos más apropiados a fin de entrenar a un hijo. Cuando recurrimos primero al castigo, más tarde no podemos considerar con facilidad las verdaderas necesidades del niño. Un niño no se sentirá amado si lidiamos con su mala conducta de ese modo.

Sin embargo, cuando nos preguntamos: "¿Qué necesita este niño?" podemos proceder racionalmente y decidir un curso apropiado. Un niño que se porta mal tiene una necesidad. El pasar por alto la necesidad que está detrás de la mala conducta puede impedirnos hacer lo correcto. Preguntarnos "¿Qué puedo hacer para corregir la mala conducta de mi hijo?" a menudo puede conducir a castigos irreflexivos. Preguntarnos "¿Qué necesita mi hijo?" nos permite proceder con confianza en que manejaremos bien la situación.

LAS CAUSAS DEL MAL COMPORTAMIENTO: UN TANQUE DE AMOR VACÍO

Cuando tu hijo se porta mal y te has preguntado "¿Qué necesita mi hijo?" la siguiente pregunta debe ser: "¿Necesita que le llenen su tanque de amor?" Es mucho más fácil disciplinar a un hijo si se siente amado de veras, sobre todo si la causa de la mala conducta es un tanque de amor vacío. En tal momento, necesitas tener en mente los cinco lenguajes de amor, sobre todo el contacto físico y el tiempo dedicado, y emplear las miradas.

Cuando un hijo obviamente se porta mal, lo que ha hecho no debe ser tolerado. Sin embargo, si no sabemos lidiar con eso -o somos demasiado ásperos o demasiado indulgentes- tendremos más problemas en un futuro con ese niño, y esos problemas empeorarán según vaya creciendo. Sí, necesitamos disciplinar (entrenar) a un niño guiándolo hacia una buena conducta, pero el primer paso en ese proceso no es el castigo.

Los niñitos no son sutiles cuando te reclaman amor. Son ruidosos y a menudo hacen cosas que parecen impropias para la forma de pensar de un adulto. Cuando nos percatemos de que en realidad están rogando que les dediquemos tiempo -que los abracemos, que nos entreguemos a ellos de forma personal- recordaremos que son niños y que tenemos la preciosa responsabilidad de llenar sus tanques de amor primero, y después de entrenarlos para que sigan adelante en su viaje.

OTRAS CAUSAS: PROBLEMAS FÍSICOS

Sería magnífico pensar que todo el mal comportamiento brota de que el niño tenga vacío su tanque emocional, pero esto no es así exactamente. ¿Qué hacemos cuando la mala conducta *no* es consecuencia de un tanque de amor vacío?

Después que te hayas preguntado: "¿Qué necesita este niño?" y hayas determinado que su tanque de amor no está vacío, pregúntate: "¿Será un problema físico?" La segunda causa más común del mal comportamiento es un problema físico, y mientras más pequeño el niño, más afectan su conducta las necesidades físicas. "¿Tendrá algún dolor mi hijo? ¿Será hambre o sed? ¿Cansancio? ¿Enfermedad? ¿Sueño?" El mal comportamiento no puede ser tolerado, aunque sea causado por una causa física, pero los problemas de conducta pueden resolverse muy rápidamente si su origen es físico.

EL REMORDIMIENTO DE UN HIJO, EL PERDÓN DE UN PADRE

Supongamos que determinas que la causa de la mala conducta de tu hijo no es física. ¿Cuál es la siguiente pregunta? "¿Le pesa a mi hijo lo que ha hecho?" Cuando un niño se arrepiente de veras por lo que ha hecho, no es necesario hacer nada más. Ha aprendido y se ha arrepentido; el castigo ahora podría ser destructivo. Si a tu hijo le pesa de veras y muestra verdadero remordimiento, debes regocijarte. Esto significa que su conciencia está viva y alerta.

¿Qué controla el comportamiento de un niño (o adulto) cuando no tiene que comportarse adecuadamente? Exacto: una conciencia viva. ¿Y cuál es la materia prima de donde se forma una conciencia normal? Culpa. Se necesita una cierta cantidad de culpa para que se desarrolle una conciencia saludable. ¿Y qué borrará la culpa, hasta dejarlo todo brillante? Lo adivinaste: el castigo, sobre todo el castigo corporal. Sin embargo, castiga al niño cuando ya se ha sentido verdaderamente culpable por su conducta y obstaculizarás su capacidad para desarrollar una buena conciencia. En semejante situación, el castigo por lo regular produce solamente ira y resentimiento.

Cuando un hijo está verdaderamente apenado por su mala conducta, en lugar de castigarlo, perdónalo. Con tu ejemplo de perdonarlo, le estás enseñando lecciones hermosas acerca del perdón que puede poner en práctica en su edad adulta. Al disfrutar del perdón de sus padres, aprende a perdonarse a sí mismo y más tarde, a perdonar a los demás. Este es un regalo hermoso. ¿Has visto a algún hijo que haya sentido verdadero remordimiento por algo malo que hizo y que después reciba el perdón de su padre? Esta es una experiencia rara e inolvidable. El amor que brota del corazón del hijo es abrumador.

El único otro medio de enseñarle a un hijo cómo perdonar es pedirle perdón cuando hayas actuado mal con él. Aunque tengas que hacer esto ocasionalmente, no debe ser con frecuencia. Si así fuera, estás ofendiendo a tu hijo indebidamente y no aprendes de tus propios errores.

EL DOMINIO EFECTIVO DE LA CONDUCTA DE TU HIJO

Como padres somos responsables de mucho de lo que sucede con nuestros hijos; a menudo, de más de lo que quisiéramos admitir. Podemos aprender formas de ayudar a nuestros hijos a evitar el mal comportamiento y el subsecuente castigo. He aquí cinco métodos que puedes emplear para controlar con eficacia la conducta de tus hijos. Dos de ellos son positivos, dos son negativos, y uno es neutral. Mientras lees esta sección, desearás meditar en los métodos de control que has empleado con tus hijos; es posible que quieras cambiarlos o añadirles algo.

1. Pidiéndoles algo

El *pedirles algo* es un medio muy importante y positivo de controlar el comportamiento; beneficia tanto al padre como al hijo. Las peticiones son agradables para el hijo y ayudan a apaciguar la cólera que pudiera ser estimulada por las órdenes de un padre.

Cuando tú pides algo, estás enviando tres mensajes implícitos a tu hijo: el primero es que respetas sus sentimientos. Le estás diciendo: "Respeto el hecho de que tienes sentimientos y en particular los relativos a este asunto." El segundo mensaje es el hecho de que te das cuenta de que tu hijo es inteligente y capaz de formar opiniones: "Respeto que tienes tu opinión sobre esto."

El tercer mensaje es el mejor de todos: las peticiones le dicen a tu hijo que esperas que se responsabilice por su propia conducta. Esta clase de responsabilidad brilla por su ausencia hoy en día. Tu hijo puede aprender a ser una persona responsable cuando le das oportunidad de hacerlo. Por medio de las peticiones, estás guiándolo y alentándolo a asumir la responsabilidad.

Un hijo criado de este modo llega a sentir que es un socio de sus padres en respecto a moldear su carácter. Esta clase de crianza de hijos no es indulgencia. El padre no está renunciando a la autoridad o el respeto. De hecho, el hijo sentirá mucho mayor respeto por sus padres porque sentirá que ellos no sólo están diciéndole lo que debe hacer, sino que están interesados primordialmente en lo que es mejor para él.

Por otra parte, las peticiones son el mejor modo de dar instrucciones. Puesto que las peticiones son más agradables, atentas y consideradas que las órdenes, puedes emplearlas casi sin límites para instruir a tu hijo. Ningún otro método de control permite esto.

2. Emitir órdenes

El *emitir órdenes* es necesario y adecuado a veces. Cuando se puede escoger, las peticiones son lo ideal, pero cuando fallan, hacen falta las órdenes. Entonces tienes que ser más autoritario. Las órdenes son un medio negativo de control porque requieren tonos más ásperos, con una inflexión hacia abajo de la voz al final de la frase. Esta combinación casi siempre provoca irritación, cólera y resentimiento en el hijo, sobre todo si se usa con frecuencia. Además, los mensajes implícitos que acompañan a las órdenes son generalmente negativos. Porque le estás diciendo a un hijo lo que debe hacer, sin darle oportunidad de elegir ni de responder o dialogar, estás dando a entender que sus sentimientos y opiniones no te importan. Por sobre todo, estás asumiendo tú toda la responsabilidad y, en esencia, diciendo: "No importa lo que sientas o pienses de esto. No espero que te responsabilices por tu conducta. Simplemente espero que hagas lo que te digo."

Mientras más uses técnicas autoritarias como las órdenes, represiones, regañinas o griterías, menos efectivo serás. Pero si normalmente utilizas peticiones agradables, entonces el empleo ocasional de órdenes generalmente será eficaz.

Como padres, tienes sólo determinada autoridad. Si la desperdicias siendo negativo, no te quedará la suficiente para los momentos críticos, difíciles. *Si eres agradable pero firme* no sólo conservas tu autoridad, sino que *la destacas, porque estás ganando el respeto y el amor de tus hijos así como su gratitud.*

Los niños son grandes observadores. Ellos ven y oyen cómo otros padres emplean modos desagradables, autoritarios y coléricos con sus hijos. Cuando tú eres agradable pero firme con ellos, ¡no puedes imaginarte cuánto te lo agradecen y cuánto se alegran de que tú seas su padre!

3. Manipulación física suave

La *manipulación física suave* puede mover con delicadeza al hijo en la dirección apropiada. Este es el segundo modo positivo para controlar la conducta de un niño y puede ser eficaz sobre todo con los niños pequeños, quienes a menudo hacen cosas que no son necesariamente malas, pero que no te gustan. Por ejemplo, es fácil confundir el negativismo de los pequeños de dos años con un desafío. Daniel dice: "No," pero después hace lo que le pides. Algunas veces hay alguna demora entre el momento en que Daniel contesta y el que obedece. Puede parecerte que te está desafiando, pero no es así. El negativismo de los pequeños de dos años es un paso normal de su desarrollo, un modo en que el niño empieza a separarse sicológicamente de su madre o padre.

Esta simple capacidad de decir "no" es importante. Si castigas a un chiquitín por eso, no sólo estás lastimándolo, sino interfiriendo directamente en su desarrollo normal. Por favor sé cuidadoso para no confundir el negativismo con el desafío. Son del todo independientes, y nada tienen que ver uno con otro.

Digamos que quieres que tu hijita de tres años vaya hasta donde estás. Empiezas con una petición: "Ven acá, queridita, ¿sí?" Tu hijita responde: "No." Tú cambias a una orden: "¡Ven inmediatamente!" Otra vez contesta: "No." En este punto te sientes tentado de veras a castigarla, pero debes abstenerte. En lugar de arriesgarte a lastimar a tu hijita, ¿por qué no guiarla suavemente hasta donde tú quieres que esté? Si se resiste, entonces sabrás que puede ser desafío y puedes tomar un curso apropiado. Mas la inmensa mayoría de las veces descubrirás que la niña no te estaba desafiando, sino sólo diciendo "no". Y no la has lastimado en nada.

El negativismo por lo regular empieza cuando los niños tienen dos años, pero puede aparecer en casi virtualmente cualquier edad. Cuando no estés seguro de cómo lidiar con una situación, puedes tratar la manipulación física suave. Es útil en particular cuando un chiquitín se "luce" en un lugar público. En vez de sentirse impotentes, sus padres pueden sencillamente llevarlo de la mano.

4. El castigo

El *castigo* es el cuarto modo de dominar la conducta de un hijo. Es el más negativo y también el más difícil método de control. En primer lugar, porque el castigo debe ser adecuado a la falta, porque los niños tienen muy aguzado el sentido de la justicia. Ellos saben cuando un castigo es muy suave o muy severo. También pueden detectar contradicción en la actitud de sus padres hacia los niños de la familia.

Segundo, el castigo puede no ser adecuado para un niño en particular. Por ejemplo, mandar a un niño a su dormitorio puede ser muy doloroso para uno de los hermanos y parecerle una fiesta a otro. Tercero, el castigo trae con él variación, puesto que los padres con frecuencia se basan en sus sentimientos cuando están dictando un castigo. Cuando todo está saliendo a pedir de boca y se sienten bien, tienden a ser más indulgentes. En un mal día, cuando se sienten mal, el castigo fijado es más duro.

Aunque pueda ser muy difícil para ti decidir cuándo y cómo debe emplearse el castigo, de todos modos tienes que estar preparado para usarlo y hacerlo adecuadamente. Esto puede facilitarse planeando por anticipado, para que puedas evitar la "trampa del castigo". Eso significa sentarse con la esposa o un buen amigo para decidir castigos adecuados para diferentes faltas. Una planificación así mantendrá controlado tu enojo cuando tu hijo haga algo que te saque de quicio.

Cuando tu hijo se porta mal y tú te haces rápidamente las preguntas que antes te sugerí, y respondes con negativas en

139

todas ellas (incluido el "No" constante de los pequeñuelos), debes hacerte otra pregunta más: "¿Me está desafiando este niño?" Desafiar es resistir y retar abiertamente la autoridad paternal.

Por supuesto, no puede permitirse el desafío y esa conducta debe corregirse. Pero el desafío de un hijo no significa que automáticamente haya que castigarlo. Quieres evitar la trampa del castigo. Si una petición echara por tierra el desafío -y con frecuencia lo hace-, magnífico. Si es necesario castigarlo, hazlo con cuidado. Para abundar sobre este tema, recomendamos *Chicos en Peligro* por Ross Campbell.

Por último, no emplees el castigo como tu primer recurso para disciplinar a tu hijito o adolescente. Provocarás mucha ira innecesariamente. También obligarás a tu hijo a reprimir la cólera en grado sumo; puede desarrollar una actitud y comportamiento de resistencia pasiva o pasiva-agresiva, tratando de cobrárselas contigo indirectamente. (Trataremos la conducta pasiva-agresiva en el capítulo 10.)

5. Modificación de la conducta

La *modificación de la conducta* también puede dominar el comportamiento de un hijo. Utiliza reforzamientos positivos (colocando un elemento positivo en el ambiente del hijo), refuerzos negativos (retirando un elemento positivo del ambiente del hijo), y castigando (colocando un elemento negativo en el medio del hijo). Un ejemplo de refuerzo positivo es recompensar al niño por una conducta adecuada dándole un pedazo de dulce o fruta. Un reforzamiento negativo puede ser quitándole al niño privilegios con la televisión por comportarse mal. Un ejemplo de castigo (algunas veces llamado técnica adversa) pudiera ser enviar al hijo a su dormitorio.

La modificación de la conducta puede ser útil a veces, sobre todo con problemas de comportamiento específicos y recurrentes en los cuales el niño no muestra arrepentimiento. Pero creemos que debe emplearse de vez en cuando. Si los padres abusan de la modificación de la conducta, entonces el niño no se sentirá amado. La primera razón para esto es que la misma base de la modificación de la conducta es condicional: el niño recibe una recompensa sólo si se comporta de un cierto modo. Segunda, porque la modificación de la conducta no está relacionada con los sentimientos del niño o con sus necesidades emocionales y no puede transmitir amor incondicional. Si los padres dominan la conducta de sus hijos primordialmente tratando de modificarla, el niño desarrollará un sistema de valores retorcido, en el cual hace las cosas, en primer lugar, por una recompensa. A esto seguirá una orientación hacia "¿Qué gano yo con eso?"

Otro problema con la modificación de la conducta es que el usarla demasiado enseñará a los hijos a usar el mismo método con sus padres. Harán lo que los padres desean a fin de conseguir lo que ellos quieren. Esto conduce a la manipulación.

Con todas estas advertencias acerca de este método, puedes sorprenderte de que lo sugiramos en absoluto. Mas hay que tener en cuenta que puede ayudar a controlar problemas específicos de comportamiento recurrente con un niño desafiante. No obstante, trabajar con un sistema de recompensas toma tiempo, constancia, esfuerzo y persistencia.

INVOLUCRAR LA DISCIPLINA EN EL LENGUAJE DE AMOR PRIMARIO DE TU HIJO

Puesto que la disciplina es más eficaz cuando se aplica en el contexto del amor, es sabio darle al niño una expresión consciente de amor tanto antes como después de administrarle un castigo. Hemos apuntado que el modo más eficaz de comunicar amor es empleando el lenguaje de amor primario del niño, así que empléalo aun cuando tengas que corregirlo o castigarlo.

Lorenzo es ingeniero eléctrico y por naturaleza su personalidad es bastante rígida. En sus primeros años de paternidad, tendía a ser severo y desapasionado al disciplinar a sus hijos. Después de aprender acerca de los cinco lenguajes de amor, determinó que el lenguaje de amor primario de su hijo era el contacto físico. Ahora nos cuenta cómo aplicó esto al disciplinar a su hijo. "René había roto la ventana del vecino mientras jugaba pelota en el patio trasero. Él sabía que estaba prohibido jugar pelota allí, porque el parque y el terreno para jugarla estaba a una manzana de distancia. En muchas ocasiones habíamos hablado acerca de los peligros de jugar pelota en el patio trasero. Cuando nuestro vecino vio a René batear la pelota que rompió la ventana, llamó a su esposa para informárselo.

"Después que llegué a casa, fui tranquilo al dormitorio de René donde estaba trabajando en su computadora. Entré y empecé a restregarle el hombro. Al minuto se volvió y me prestó atención. Le dije:

—Levántate, quiero abrazarte. Lo tomé en mis brazos y le dije

—Tengo que hacer algo muy duro y quiero que sepas que te quiero por encima de todo.

Mantuve mi abrazo por un rato, saboreando mi proximidad a él. Entonces lo solté y le dije:

—Mami me llamó hoy para contarme lo que sucedió con la ventana del señor Santos. Sé que fue un accidente, pero tú sabes bien que está prohibido que juegues pelota en el patio. Por lo tanto, tengo que disciplinarte por quebrantar esa regla. Me duele tener que hacerlo, pero es por tu bien. No podrás jugar pelota durante las próximas dos semanas. Y tendrás que pagar con tu dinero la reparación de la ventana de Santos. Llamaremos a la compañía de ventanas para preguntar cuánto costará.

Entonces lo tomé en mis brazos y lo abracé otra vez. Sé que sintió mis lágrimas corriendo por su cuello.

—Te quiero, amiguito —le dije.

—Yo también te quiero, papá —contestó él.

Salí del dormitorio sabiendo que había hecho lo que debía; de algún modo fue mucho mejor que le asegurara mi amor antes y después de la disciplina. Sabiendo que el contacto físico es su primer lenguaje de amor, sentí que había recibido la disciplina de un modo positivo. Recuerdo bien cuando en veces anteriores lo discipliné colérico y dije cosas ásperas y duras y a veces le di nalgadas con ira. Le doy gracias a Dios que ahora sé un modo mejor.

Si el lenguaje de René hubiese sido las palabras de afirmación, el encuentro de Lorenzo con él hubiese sido algo como esto:

—René, tengo que hablar contigo un momento. Quiero que sepas cuánto te quiero y doy gracias por lo mucho que te esfuerzas en la escuela. Sé que cuando llegas a casa quieres relajarte, y que disfrutas jugando pelota. Por lo regular, obedeces las reglas de esta casa y eso es digno de elogio. Es raro que tenga que disciplinarte. Quiero decir, que lo que tenemos que conversar es un incidente aislado y no es tu comportamiento habitual, de lo cual me alegro.

»Probablemente sabes que el señor Santos llamó a tu madre esta tarde y le contó que te vio batear la pelota que rompió su ventana. A pesar de que fue un accidente, tú sabes que está prohibido jugar pelota en el patio de atrás. Me es duro hacer esto, pero como desobedeciste, tengo que disciplinarte. No podrás jugar pelota por dos semanas. Y tendrás que pagar la reparación de la ventana de los Santos con tu dinero. Llamaré a la compañía de ventanas para preguntar cuánto costará.

»¿Entiendes que no estoy enojado contigo? Sé que no fue tu intención romper la ventana, y que probablemente tampoco empezaste a jugar en el patio a propósito. Te quiero mucho y estoy orgulloso de ti. Sé que aprenderás la lección de esta experiencia.

Su conversación pudo terminar en un abrazo, pero la expresión primaria es en palabras de afirmación tanto antes como después de la disciplina.

Emplear el lenguaje de amor primario de tu hijo no significa que no puedas usar algún otro también, sino que le estás dando a tu hijo la más efectiva expresión de amor que puedes, tanto antes como después de la disciplina. Puesto que sabes que le estarás demostrando tu amor a tu hijo, probablemnte serás más cuidadoso con respecto a la clase de disciplina que escojas administrar, y el modo en que lo harás.

RESPETAR EL LENGUAJE DE AMOR
DE TU HIJO

Comprender el lenguaje de amor primario de tu hijo te ayudará a escoger el mejor método de disciplina. Siempre que puedas, procura no usar una forma de disciplina que esté directamente relacionada con su lenguaje de amor primario. Respeta ese lenguaje escogiendo un método de disciplina distinto de ése. Semejante disciplina no tendrá el efecto deseado y puede en realidad causar un dolor enorme. El mensaje que recibiría tu hijo no sería de una corrección amorosa, sino de un rechazo doloroso.

Por ejemplo, si el lenguaje de tu hijo es el elogio verbal, y usas palabras duras de condenación como forma de disciplina, tus palabras le dirán no sólo que estás disgustado por una cierta conducta, sino también que no lo amas. Las palabras de crítica pueden ser dolorosas para cualquier hijo, pero para ése en particular, serán devastadoras. Por eso Ben, de dieciséis años, nos dijo que su papá no lo quería, citando la disciplina de su padre, que incluía gritos y palabras cortantes: "Si hago algo que él piensa que está mal, puede gritarme durante horas. Recuerdo el día en que me dijo que no estaba seguro de que yo fuese hijo suyo, porque no podía creer que un hijo suyo pudiera hacer algo tan terrible. Yo no sé si soy de veras su hijo, pero lo que sí sé es que no me quiere."

Cuando siguió hablando se hizo obvio que su lenguaje de amor primario eran las palabras de afirmación. Cuando su padre empleaba las palabras para expresarle a Ben su disgusto por su conducta, destruía el sentido de ser amado del hijo.

Sé muy cuidadoso. Si el lenguaje de amor primario de tu hija es el tiempo que le dedicas, no la disciplines nunca aislándola, como mandándola a su dormitorio cada vez que se porta mal. Si es el contacto físico, no la disciplines privándola de tus abrazos y caricias. Recordamos a Ernesto, de diez años, cuyo lenguaje es el contacto físico. Con frecuencia camina tras su madre y la abraza o le acaricia los hombros. Su madre también acostumbra a demostrarle su amor físicamente. El padre de Ernesto se crió en un hogar donde el método normal de disciplina eran las nalgadas, por lo tanto, ése es su primer método de castigo cuando Ernesto se porta mal.

Esas nalgadas no son abusivas en lo que respecta a que no le dejan marcas. Sin embargo, cuando Ernesto recibe una azotaina de su padre, puede estar llorando tres horas. Lo que el padre no comprende es que está usando el lenguaje primario de Ernesto, el contacto físico, y empleándolo de modo negativo. Por eso Ernesto no sólo se siente castigado, sino rechazado y despreciado. Su padre jamás lo acaricia después de una azotaina, porque esto le parecería incongruente con su filosofía del castigo.

El padre de Ernesto es sincero en sus esfuerzos por disciplinarlo, pero no reconoce cuánta distancia emocional está poniendo entre Ernesto y él. Como padres, tenemos que recordarnos constantemente que el propósito de la disciplina es corregir la mala conducta y ayudar al niño a desarrollar autodisciplina. Si no aplicamos el concepto del lenguaje de amor, bien podemos destruir el sentido de ser amado del niño en nuestros esfuerzos por corregir su mala conducta. El comprender el lenguaje de amor primario de tu hijo puede hacer que tu disciplina sea mucho más efectiva.

LOS CINCO LENGUAJES DEL AMOR DE LOS NIÑOS

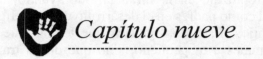

Capítulo nueve

EL APRENDIZAJE Y LOS LENGUAJES DE AMOR

Los padres son los primeros y más importantes maestros. Los investigadores ahora están de acuerdo en que el mejor tiempo para estimular las capacidades básicas de aprendizaje de un niño es antes de los seis años. El doctor Burton White, fundador y director del Proyecto Preescolar de Harvard, dice: "Para que una persona desarrolle sus posibilidades a plena capacidad, necesita tener una experiencia educacional de primera clase durante los primeros tres años de su vida."[1] Y los sociólogos y educadores, convencidos de que semejante estímulo de los infantes puede producir capacidades de aprendizaje, han creado programas preparados para ayudar, durante sus primeros años preescolares, a los niños de minorías y con incapacidades. Los programas ofrecen más estímulo para compensar las limitaciones de los niños dentro del medio doméstico y comunitario.

Sí, nosotros los padres somos los maestros primarios. Y una de nuestras primeras ayudas en la enseñanza es la disciplina. También la disciplina adecuada, administrada con amor, puede dar lugar al aprendizaje. En el capítulo 8 consideramos que la disciplina es una guianza hacia la madurez; ahora considerémosla como la otra mitad de la idea clásica de disciplina:

enseñar a nuestros hijos, la verdadera disciplina puede ayudar a desarrollar la inteligencia y las capacidades sociales de un niño, que le servirán toda su vida.

En años recientes ha crecido la percepción de la importancia del aprendizaje en la infancia, subrayando nuestra misión crucial como padres en el desarrollo de la inteligencia de nuestros hijos. Esto no significa que tengas que darle lecciones formales a tu pequeño, sino que debes tratar de comprender el impulso innato de tu hijo a aprender y explorar, y después satisfacer la urgente necesidad que tiene su cerebro de desarrollar estímulos sensibles y experiencias agradables de aprendizaje.

Muchos padres observan a sus hijos ocupados primeramente en jugar y piensan que el aprendizaje puede postergarse hasta el primer grado. Pero a los pequeñines les encanta aprender. Nacen con una sed innata de aprender que permanece fuerte... a menos que los adultos se la extirpen aburriéndolos, golpeándolos, enseñándoles errores o desalentándolos. Una observación cuidadosa de los bebés y pequeñines revela que la mayor parte de su actividad no es mero juego. Más bien, nuestros chiquilines siempre están luchando por aprender algo nuevo, una nueva habilidad, tanto si es voltearse de boca abajo a boca arriba, como si es gatear, o erguirse y después caminar, o tocar, palpar y examinar el mundo que los rodea.

Una vez que aprenden a hablar, su mente se llena de preguntas, y los de tres y cuatro años pueden hacer docenas de ellas cada día. Cuando llegan a la etapa de imitar y simulan ser adultos, rara vez imitan adultos que juegan. Más bien imitan adultos que trabajan: lavando platos, manejando un camión, haciendo de médico o enfermera, cuidando bebés, cocinando las comidas y cosas así. Si observas las actividades de tu hija por un solo día y preguntas: "¿Qué parece hacerla más feliz? ¿Qué retiene su atención durante más tiempo?" probablemente será alguna actividad en que está aprendiendo.

APRENDIENDO EN CASA

Lo ideal es que el desarrollo intelectual de los niños tenga lugar en el hogar. Los niños descubren la vida a través de sus cinco sentidos. Un hogar rico en estímulos auditivos, visuales, gustativos, táctiles y olfativos, alimentará su deseo natural de descubrir y aprender. El desarrollo del lenguaje depende en gran medida del estímulo verbal que los niños reciban de los adultos en esos primeros años. Por lo tanto, hablarles y alentarlos a decir palabras contribuye a su deseo natural de aprender. Parte de ese proceso es alabar sus esfuerzos por pronunciar palabras y corregir los intentos que hacen. En este medio verbal tan rico, crece su vocabulario y se desarrolla su capacidad de formar oraciones. Más tarde aprenden a emplear esta capacidad para expresar emociones, pensamientos y deseos.

Lo que es cierto en el desarrollo verbal, también lo es en todos los otros campos del crecimiento intelectual. Si el hogar no proporciona esta clase de estímulo intelectual básico, es probable que el niño presente deficiencias en su aprendizaje posterior, y el pronóstico para su desarrollo educacional es pobre. Los programas escolares ofrecen sólo una compensación pequeña para remediar un medio doméstico sin estímulos.

Un entorno y actitud agradables ayudarán a nuestros hijos a aprender en el hogar. Los hijos son más emocionales que cognoscitivos; recuerdan las sensaciones mejor que los hechos. Esto significa que para tus hijos es más fácil recordar cómo se sintieron en una cierta situación, que los detalles del suceso. Por ejemplo, un niño que escucha un cuento recordará exactamente cómo se sentía, mucho después de haber olvidado la lección.

Tu hija puede olvidar los detalles, pero recordará al maestro. En tu enseñanza, esto significa tratarla con respeto, bondad y asegurarte de que nunca la criticarás ni humillarás. Cuando una enseñanza es aburrida o degradante, un niño la rechazará, incluso si es la mejor, sobre todo si implica moralidad o ética. Si respetas a tu hijo, te respetará a ti y tu punto de vista.

Tú eres la clave de que tu hijo aprenda, desde la infancia en adelante, todos los años del aprendizaje formal. El aprender es una proeza compleja, influida por muchos factores. Uno de los más fuertes es tu participación total.

PARA AYUDAR A NUESTROS HIJOS A CRECER EMOCIONALMENTE

El hecho más importante que debes saber con respecto a la capacidad de aprender de un niño es éste: Para que un niño sea capaz de *aprender bien a cualquier edad, tiene que estar en el nivel de madurez emocional de esa edad en particular.* Mientras el niño crece, su capacidad de aprender aumenta por diversos factores, el más importante de los cuales es su madurez emocional. Mientras más maduro sea emocionalmente, más capaz será de aprender. Y los padres ejercen la influencia que tiene el mayor efecto sobre el crecimiento emocional del hijo.

Esto no quiere decir que todos los problemas de aprendizaje sean culpa de los padres, puesto que muchos factores pueden afectar la capacidad de aprender de un niño. Sin embargo, el desarrollo emocional puede constituir una diferencia en la disposición y el proceso del niño para aprender, y es aquí donde los padres pueden ayudar más. Podemos estimular la disposición de nuestro hijo para aprender, llenándole constantemente su tanque emocional.

Cuando todo el tiempo estás empleando los cinco lenguajes de amor: el contacto físico, las palabras de elogio y afirmación, el tiempo que le dedicas, los regalos y los actos de servicio, le estás dando a tu hijo mucho estímulo intelectual. En los primeros años, cuando probablemente no conoces el lenguaje de amor primario de tu hijo, le expresas tu amor en los cinco lenguajes. Al hacerlo, no sólo estás satisfaciendo su necesidad de amor, sino que también le proporcionas los estímulos físicos e intelectuales que necesita para desarrollar sus intereses incipientes. Aunque hagas hincapié en el amor, también estás enseñando y entrenando a tu hijo.

Los padres que no se toman el tiempo de hablar los cinco lenguajes de amor, sino que sencillamente buscan satisfacer las necesidades de comida, ropa, abrigo y seguridad de su hijo, proporcionan un medio sin estímulos para el desarrollo intelectual y social. El chico crece físicamente, pero su desarrollo intelectual y social se atrofia. Un hijo que se muere de hambre de amor y aceptación de sus padres, tendrá poca motivación para enfrentar el reto de aprender en los primeros años o después en la escuela. Una relación cálida y amorosa entre el padre y el hijo es una base sólida para la autoestima de un niño y por lo tanto, una motivación para aprender.

La mayoría de los padres no comprenden que un hijo pueda retrasarse emocionalmente. Pero es cierto que un niño puede retrasarse hasta tal grado que jamás pueda alcanzar la normalidad. ¡Qué tragedia! La madurez emocional de un niño afecta todo lo demás: su autoestima, su seguridad emocional, su capacidad de soportar las tensiones y los cambios, su capacidad de relacionarse con sus semejantes y su capacidad de aprender.

Quizás en ningún otro caso se demuestra con más claridad el vínculo entre el amor y el aprendizaje, que cuando los padres de un niño se separan o divorcian. Esta ruptura traumática rompe el tanque emocional del hijo y drena su interés por aprender. En lugar de amor, el niño a menudo siente confusión y miedo, ninguno de los cuales es buen compañero del aprendizaje. El hijo de padres divorciados usualmente mostrará menos interés académico durante muchos meses hasta que a su mundo se le restaure en alguna medida la seguridad y certeza del amor. Es triste, pero algunos niños jamás se recobran por completo.

Como padres, tenemos gran influencia en la vida de un hijo. Si eres un padre divorciado, puedes ayudar a restaurar su sensación de seguridad empleando el lenguaje de amor de tu hijo. (También puede ser de ayuda un ex cónyuge que coopere.) Recuérdese que los padres -junto con otros adultos importantes- pueden mantener lleno el tanque emocional del niño para permitirle crecer y madurar como debe. Este tanque de amor lleno le permitirá alcanzar a tiempo cada sucesivo nivel emocional, a fin de estar listo para dar el siguiente paso en el aprendizaje.

LOS PADRES QUE PARTICIPAN Y LOS QUE NO PARTICIPAN

"Los padres son el eslabón que falta para mejorar la educación en Los Estados Unidos", afirmó el Secretario de Educación de Estados Unidos, señor Richard Riley.[2] En verdad, un estudio realizado en 1996 para medir la comprensión de la lectura, indicó que los estudiantes cuyos padres participaban activamente en sus escuelas, alcanzaron calificaciones mucho más altas que otros niños. Pero los resultados de la prueba en conjunto no son alentadores para Estados Unidos: "Nuestros graduados de escuela secundaria están entre los menos competentes intelectualmente del mundo industrializado." Más aun, "Este es un problema de actitud y esfuerzo, no de capacidad", informa Laurence Steinberg en *Más allá del aula: Por qué ha fracasado la reforma escolar y Qué necesitan hacer los padres.*[3] Steinberg, profesor de psicología en la Universidad de Temple, cree que esto es una protesta contra la educación, tanto por parte de los niños como de los adultos, una rebelión contra la autoridad.

Participación limitada

El Estudio de Steinberg, que realizó una encuesta a más de 20.000 estudiantes, descubrió algunos hechos asombrosos: Dos tercios de los estudiantes de escuela secundaria no hablan a diario con sus padres. La mitad de ellos dice que pueden llevar a casa calificaciones de C o menos y que sus padres no se alarmarán. Un tercio dice que sus padres "no tienen idea de lo que ellos están haciendo en la escuela". Otro tercio admite que se pasa el día en la escuela "tonteando".

Otro descubrimiento descorazonador surgió de la primera encuesta nacional en que simultáneamente se le preguntó a padres y adolescentes cuál era su actitud hacia las drogas. La encuesta de 1996 descubrió que dos tercios de los padres de la generación nacida en los cuarenta y tantos -después de la Segunda Guerra Mundial- que probaron la mariguana cuando eran adolescentes, esperaban que sus hijos hicieran lo mismo y pensaban que ellos probablemente tenían muy poca influencia para impedírselos.[4] Joseph Califano, del Centro para la Adicción y Abuso de Sustancias de la Universidad de Columbia, responde a la actitud de esos padres: "Es sumamente perturbador que los padres de la generación post Segunda Guerra Mundial parezcan ser tan ambivalentes y estar tan resignados a que los chicos usen drogas. Deberían sentirse [furiosos]. En vez de eso, dicen que ellos nada pueden hacer al respecto."[5]

Casi la mitad de los padres encuestados dijeron que esperaban que sus hijos probaran drogas ilegales. Nos preguntamos si esos padres no saben que esas drogas pueden mutilar la capacidad de aprender de un niño. Una de las formas en que lo hacen es retardando el proceso de maduración del niño. Esto incluye lisiar o retardar su desarrollo emocional, intelectual y social. En gran medida por la apatía paterna, el uso de drogas entre los adolescentes está aumentando. Entre 1992 y 1995, creció al setenta y ocho por ciento, de acuerdo con el Departamento de Salud y Servicios Humanos de Estados Unidos.[6] Esos padres que creen que ellos nada pueden hacer, necesitan entender la tremenda influencia que pueden tener en las vidas de sus hijos.

Dos cosas causan semejantes actitudes y conductas antiautoridad: tanques emocionales vacíos de amor y una falta de enseñanza de cómo controlar la cólera con madurez. Es natural que esto interfiera con la capacidad de aprender de un chico. El problema de conducta más preocupante que afecta el aprendizaje es la conducta pasiva-agresiva. Esta determinación inconsciente de hacer lo opuesto de lo que se espera de él, causará que el hijo, subconscientemente, pero a propósito, tenga bajo rendimiento escolar.

Como padres, tenemos que mantener llenos de amor los tanques de nuestros hijos, y también enseñarlos cómo controlar su cólera. Cuando le proporcionamos a nuestros hijos lo que necesitan amándolos y enseñándolos, tenemos todo el derecho a esperar que les vaya bien en la vida. Muchos estudios indican que la participación de los padres mejora la capacidad de aprender de su hijo e influye en el rendimiento escolar, así como en la mayoría de las otras áreas de la vida del hijo.

La participación del padre

La atención se concentra cada vez más en la función del padre en el desarrollo de sus hijos. Un estudio de once años demostró que si los padres les dedicaban más atención, menguaba la conducta delictiva de los hijos, quienes obtenían más altos rendimientos escolares. Aunque se culpa a los hijos por conducta delictiva, son por lo regular los padres quienes están en falta por lo que les sucede a sus hijos.

El estudio de 584 familias comenzó cuando los hijos tenían entre siete a once años de edad y terminó cuando tenían entre dieciocho y veintidós. El estudio de la socióloga Kathleen M. Harris de la Universidad de Carolina del Norte, encontró que mientras más tiempo pasaban los niños con sus padres, más cursos de instrucción completaban. También, mientras más fuerte era el vínculo emocional entre los hijos y sus padres, menos propensos eran los hijos a comportarse como delincuentes.[7]

Como padre preocupado por darle a tus hijos el amor que necesitan, quieres estar seguro de dedicarles el tiempo necesario para llenar sus tanques emocionales con todos los cinco lenguajes de amor. Tú eres la clave para la capacidad de tus hijos de aprender y tener éxito en todos los sentidos. Y tú tienes una gran ventaja sobre las personas ajenas a la familia: tú conoces y comprendes a tus hijos y tienes el medio hogareño en el cual puedes satisfacer sus necesidades.

PARA AYUDAR A UN HIJO ANSIOSO

Un hijo a quien le va bien emocionalmente, tendrá la concentración, motivación y energía que necesita para emplear sus capacidades al máximo. Por el contrario, si está afligido por la ansiedad o la melancolía, o no se siente amado, probablemente tendrá problemas para ampliar su concentración y atención y sentirá menguada su energía. Le será más difícil mantener su mente en lo que tiene entre manos. No le interesará el estudio; tendrá tendencia a preocuparse por sí mismo y por sus necesidades emocionales, y su capacidad de aprender se resentirá.

Si esta ansiedad continúa, se hará más evidente cuando el hijo entre en una nueva experiencia de aprendizaje, sobre todo una en la cual se requiera un cambio importante o mayor dificultad en el contenido. Esta ansiedad relacionada al aprendizaje con frecuencia aparece entre los niños que están pasando del tercero al cuarto grado. Este pase de grado por lo regular implica un cambio en el contenido y en los métodos de enseñanza. La diferencia primordial es el tránsito entre pensar en cosas concretas y aprenderlas, al de incluir el pensar en cosas abstractas y aprenderlas. El aprendizaje concreto trata con hechos simples: Baltimore está en el estado de Maryland. El pensamiento abstracto es simbólico: las palabras y frases representan ideas y conceptos. El tránsito del pensamiento concreto al abstracto es un paso enorme y no todos los niños pueden lograrlo cuando llega el momento.

Cuando un niño fracasa al dar este paso, sufre de muchas maneras. No puede comprender del todo el contenido de las lecciones. Siente que se está quedando rezagado, y esto daña su amor propio, pues se siente inferior a sus iguales. A menos que esto quede corregido rápidamente, el niño desarrollará una depresión, más ansiedad, y empezará a sentirse como un total fracasado. Puesto que el tránsito al cuarto grado es uno de los períodos más críticos de la transición académica, merece especial atención de los padres.

Lo que significará una más importante diferencia para tus hijos en ésta u otra crisis, es su madurez emocional. Para nosotros la madurez emocional es *la capacidad de controlar su ansiedad, soportar las tensiones y mantener el equilibrio durante los tiempos de cambio.* Mientras mejor puedan tus hijos lograr estas cosas, más podrán aprender. Y la mejor forma de ayudar a tus hijos a madurar emocionalmente y mantener un buen nivel de motivación para su edad, es mantener llenos de amor sus tanques emocionales.

Una señal de ansiedad en los niños es una incapacidad de mirar a los ojos. Un niño sumamente ansioso tendrá problemas para acercarse a otros, tanto adultos como compañeritos. El niño privado de amor tendrá dificultad en ésa, la más sencilla comunicación. El aprendizaje rutinario está destinado a ser afectado por esta tensión y ansiedad.

A algunos de estos niños les ha ayudado la atención especial brindada por sus maestros, incluidas las miradas y las caricias. Cuando se satisfacen sus necesidades emocionales, disminuyen sus temores y ansiedades, y aumentan su seguridad y confianza. Entonces son capaces de aprender. Por supuesto, es preferible y mucho mejor que sean padres amorosos quienes satisfagan estas necesidades.

PARA MOTIVAR A TUS HIJOS

Con frecuencia los padres preguntan: "¿Cómo puedo motivar a mis hijos?" Podemos motivarlos únicamente después de haberles llenado de amor sus tanques emocionales y de haberles enseñado cómo controlar su cólera. Si fracasan en estos dos puntos esenciales, es casi imposible entender cómo motivar a los niños. (Encontrarás más acerca de la cólera y la conducta pasiva-agresiva en el siguiente capítulo.) Es en extremo difícil motivar a un niño a menos que primero se sienta genuinamente amado y cuidado. La razón es que el hijo necesita identificarse con sus padres y desear seguir su orientación. Si el hijo tiene vacío su tanque de amor, ejercerá una resistencia pasiva-agresiva, que es la determinación de hacer exactamente lo opuesto a lo que quieren los padres.

La clave para motivar a un niño es hacer que acepte la responsabilidad por su propia conducta. Un niño que no acepta o no puede aceptar esta responsabilidad, no puede ser motivado. El hijo que acepta la responsabilidad de sí mismo, está motivado.

Alentar los intereses de tu hijo

Puedes ayudar a tu hijo a ser responsable (y por lo tanto, motivado) de dos maneras. La primera es observar pacientemente qué es lo que atrae a tu hijo; o sea, qué disfruta, qué aprecia y qué le gusta hacer. Entonces puedes alentarle en esa dirección. Si observas que le interesa aprender música, puedes alentarlo a ello. Pero la clave es dejar que el hijo tome la iniciativa. Cuando los padres toman la iniciativa de convencer a un hijo para que estudie música, rara vez se obtienen buenos resultados.

Permite que tu hijo acepte la responsabilidad

La segunda manera de ayudar a tu hijo a motivarse es recordar esto: Tú y tu hijo no pueden asumir la responsabilidad de una misma cosa al mismo tiempo. Si esperas y permites que tu hijo tome la iniciativa, estonces estará motivado porque tú le has permitido tomar la responsabilidad. Si tomas tú la iniciativa y tratas de convencerlo de que haga algo, estás asumiendo la responsabilidad. Rara vez se motiva a un niño cuando esto sucede.

Apliquemos esto al campo de las tareas y las notas. La mayoría de los niños atraviesan períodos en que el hacer las tareas se convierte en un problema. Esto es más evidente cuando aparece en la escena la conducta pasiva-agresiva. Y recuerda, es normal una cierta cantidad de resistencia pasiva en los chicos entre trece y quince años.

El blanco de la conducta pasiva-agresiva es la yugular; o sea, apunta a lo que más puede molestar a los padres. En la mayoría de los hogares, las notas constituyen una preocupación de gran importancia. Esto significa que el hijo usa la resistencia pasiva en proporción directa al énfasis que los padres pongan en las tareas y las notas. Mientras más importancia le den los padres al rendimiento escolar, más tratará de resistirse el chiquillo. Y recuerda esto: *Mientras más responsabilidad tome el padre en las tareas, menos asumirá el hijo.*

Y, mientras menos responsabilidad asuma el hijo en hacer sus tareas, menos motivado estará.

Si quieres que tu hijo asuma responsabilidades y esté muy motivado, tienes que comprender que la tarea es una responsabilidad de tu hijo, no tuya. ¿Cómo logras esto? Haz que tu hijo sepa que te encantará ayudarlo si él te lo pide. Puesto que deseas que él asuma la responsabilidad de su trabajo, aunque te pida ayuda, evita echarte encima parte alguna de su trabajo, sino procura que sea él quien cargue con ello.

Por ejemplo, digamos que tu hijo tiene que resolver un problema de matemática. No debes resolverlo tú. En lugar de eso, puedes buscar en el libro de matemáticas y mostrarle las explicaciones para hacer esa clase de problema. Y después devolverle el libro, para que él pueda asumir la responsabilidad de resolver el problema. En un final, esto le enseñará a asumir más responsabilidad por sí mismo. Si piensas que el maestro no le ha explicado adecuadamente los conceptos, puedes sugerirle que le pida al maestro más explicaciones al día siguiente.

Por supuesto, habrá momentos en que tendrás que aclararle alguna confusión u ofrecerle alguna información adicional. Eso está muy bien mientras no estés asumiendo la responsabilidad que tu hijo debería asumir. Puede que veas que las notas bajan temporalmente, pero la capacidad de tu hijo para asumir responsabilidad y bastarse a sí mismo, habrá valido la pena. Si te comportas así, tu hijo necesitará menos ayuda cuando pase el tiempo. Y podrán pasar algún tiempo juntos, explorando temas de especial interés para ambos que no están incluidos en el currículo escolar.

Para ayudar a un hijo a estar bien motivado, permitiéndole tomar la iniciativa y asumir la responsabilidad por su propia conducta parece ser un bien guardado secreto hoy en día. A la mayor parte de los hijos se les tiene en una posición en que la iniciativa la toma un padre o un maestro, y después asume la responsabilidad porque él aprenda. Los adultos hacen esto porque realmente quieren cuidar de los hijos y creen erróneamente que mientras más iniciativas tomen y responsabilidades asuman, más están haciendo por sus hijos. Sin embargo, esto es una gran equivocación.

PARA EMPLEAR EL LENGUAJE
DE AMOR DE TU HIJO

Tus hijos alcanzarán su mayor éxito y motivación para aprender en la escuela cuando estén seguros de tu amor. Si entiendes el lenguaje de amor primario de tu hijo, puedes subrayar sus experiencias diarias expresándote en su lenguaje cuando salgan para la escuela por la mañana y cuando regresen de ella por la tarde. Esos son dos momentos muy importantes en la vida de los escolares. Recibir un estímulo emocional de sus padres al salir y regresar al hogar les da seguridad y valor para enfrentar los retos del día.

Liliana tiene nueve años. Después que su madre supo de los cinco lenguajes de amor, cambió algunos detalles en su rutina diaria. "Es increíble la diferencia que se aprecia en la vida de Liliana," nos contó más tarde. "Aún después que conocí el concepto de los cinco lenguajes de amor y descubrí que el de Liliana era el acto de servicio, jamás pensé que aplicar ese concepto pudiera ser tan útil en la escuela. Pero una amiga me comentó que estaba empleando el lenguaje de amor de su hija antes de que saliera para la escuela y después que regresaba por la tarde. Decidí probar con este método y los resultados fueron inmediatos.

"Las mañanas en nuestra casa eran siempre agitadas; mi esposo salía a las 7:00, el autobús de Liliana venía a las 7:30, y yo salía más o menos a las 7:50 para mi empleo de media jornada. Cada cual hacía su propia rutina y casi el único contacto que teníamos entre nosotros era el 'Hasta luego' antes de salir de la casa."

Sabiendo que Liliana valoraba lo que se hiciera por ella, esta madre le preguntó a la niña: "Si por la mañana yo pudiera hacer algo por ti que te facilitara las cosas para hacértelas más agradables, ¿cuál te gustaría que hiciera?"

"Mami, lo más grande que pudieras hacer por mí sería prepararme el desayuno. Es tan engorroso buscar el pozuelo, la cuchara, el cereal, la leche y la banana. Si pudieras aunque fuera ponerlo todo sobre la mesa y yo pudiese sentarme a comer, sería maravilloso." La mamá de Liliana se sorprendió de la petición, pero estuvo de acuerdo, y a la mañana siguiente el desayunmo la estaba esperando.

"De inmediato fue obvia la diferencia en su actitud matinal. Incluso me daba las gracias casi siempre. Y, cuando salía para la escuela, parecía estar de mejor humor.

"Tres días después, instituí otro servicio por las tardes cuando ella regresaba a casa. El primer día le hice galletitas. Cuando llegó y dejó caer sus libros le anuncié: 'Liliana, te hice unas galletitas. ¿Quieres descansar y comer algunas?' Entonces le serví un vaso de leche y nos sentamos a comentar cómo le había ido ese día. A la tarde siguiente le había cosido el dobladillo a una falda, lo que ella me había pedido una semana antes. Cuando regresó le dije: "Le hice el dobladillo a tu falda, queridita. Pruébatela y mira a ver si te queda bien." Cuando se la probó, le dije: 'Esa falda te luce muy bien.' Ella contestó: 'Gracias, mami, y gracias por hacerme el dobladillo.'

"Puse mucha atención a las solicitudes de Liliana y las escribí todas y cada una en un librito de notas, sabiendo que me darían las pistas de cómo expresarle mi amor. Las golosinas se convirtieron en el acto de servicio preferido, mientras pasábamos un rato juntas varias tardes por semana.

"Todo esto empezó hace cuatro meses. La diferencia más importante que noto es que cuando hablamos acerca de la escuela, sus comentarios son mucho más positivos que antes. Me parece que lo está pasando mucho mejor y está más motivada que antes. También es obvio que nuestras relaciones son más íntimas."

Si el lenguaje de amor primario de Liliana hubiese sido el contacto físico, entonces un sentido abrazo y un beso antes de salir para tomar el autobús cada mañana y unos brazos abiertos para recibirla al llegar a casa por la tarde hubieran tenido el mismo propósito emocional. Por supuesto, ella también hubiese disfrutado de las galletitas y la leche.

Quizás no puedes estar en casa cuando tus hijos regresan de la escuela. Si es así, lo mejor a falta de eso es dar muestras de una sincera expresión de amor cuando llegas a la casa. Si tu último contacto de mañana y tu primero por la tarde es para hablar el lenguaje de amor primario de tu hijo, estarás llevando a cabo una de las obras más importantes del día. Y esto justamente puede tener un impacto positivo en su motivación para aprender.

Notas

1. Burton L. White, *The Origins of Human Competence* (Lexington, Mass.: D.C. Heath and Company, 1979), 31.

2. Jennifer Braun, "Parents Make for Kids Who Read Better", *Chattanooga Times,* 18 junio 1996, A10.

3. Laurence Steinberg con B. Bradford Brown y Sanford M. Dornbusch, *Beyond the Classroom: Why School Reform Has Failed and What Parents Need to Do* (New York: Simon & Shuster, 1996), 183-184.

4. Lauran Neergaard, "Teens Expected to Try Drugs" *Chattanooga Times,* 10 septiembre 1996, A1.

5. Ibid.

6. Tim Friend, "Teen Use of Drugs Rises 78%", *USA Today,* 20 agosto 1996, A1.

7. Marilyn Elias, "Teens Do Better When Dads Are More Involved", *USA Today,* 22 agosto 1996, D1.

LOS CINCO LENGUAJES DEL AMOR DE LOS NIÑOS

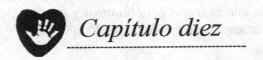 *Capítulo diez*

LA IRA Y EL AMOR

I ra y amor. Los dos están más íntimamente relacionados de lo que la mayoría de nosotros quisiéramos
admitir. Nos airamos con la gente que amamos. Pudieras
sorprenderte de encontrar un capítulo sobre la cólera en un
libro dedicado al amor. Pero la verdad es que a menudo
sentimos ira y amor al mismo tiempo.

La ira es la emoción más espinosa en la vida familiar. Puede
conducir a conflictos conyugales y al maltrato verbal y físico de
los hijos. El origen de la mayoría de los problemas de la sociedad
es la ira mal controlada. Mas tenemos que comprender que la
cólera tiene un lugar positivo en nuestras vidas y en la crianza
de nuestros hijos. No toda la ira es mala. Puedes encolerizarte
porque quieres justicia y porque te preocupas por el bienestar de
alguien (incluso el tu hijo). El propósito final y correcto de la ira
es motivarnos a enderezar las cosas y corregir el mal. Por eso,
las madres airadas formaron MADD, sociedad de madres contra
los choferes borrachos, tratando de detener esta amenaza en
nuestras carreteras. Su organización empezó después que una
mujer canalizó de forma positiva la rabia que la invadía porque
un chofer borracho había matado a su hija, y empezó a cabildear
por conseguir leyes más estrictas contra los choferes borrachos.

Sin embargo, es más común que la indignación cause
problemas y no que los resuelva. Como emoción, la cólera no

siempre brota cuando tenemos razón. Con frecuencia se vuelve irracional y no la controlamos, sino que nos dejamos controlar por ella. En el calor del enojo, la gente a menudo pierde los estribos y escoge un curso de acción muy destructivo que de hecho empeora las cosas. Además, no siempre juzgamos adecuadamente lo que es mejor para nosotros y para los demás; o tratamos de enmendar errores de un modo egoísta.

UN RETO PARA EL BIENESTAR DE TU HIJO

La ira es una emoción que casi no entendemos, ni por qué la sentimos, cómo la expresamos o cómo podemos cambiar el modo en que lidiamos con ella. A menos que nosotros como padres sepamos lo que es la ira y cómo podemos manejarla de un modo adecuado, no seremos capaces de enseñarle a nuestros hijos qué deben hacer cuando se enfurezcan. Sí, *cuando,* porque todos -padres e hijos- nos enojamos a diario.

Puede sorprenderte que el primordial desafío en la vida de tu hijo sea su propia ira. Si tu hijo no controla bien su cólera, ésta le hará daño o lo destruirá. La furia mal controlada es la base de todo problema presente y futuro que tu hijo pueda tener: desde malas notas, pasando por relaciones rotas hasta llegar a un posible suicidio. Es imperativo que hagas todo lo que esté a tu alcance por salvaguardar a tu hijo ahora y en el futuro.

No obstante, si tu hijo aprende a dominar bien su indignación, gozará de una gran ventaja en la vida. Evitará la mayor parte de los problemas de la vida y estará más capacitada de aprovechar la cólera para su provecho en lugar de tenerla en contra suya.

LOS ADULTOS Y LA IRA

Es igualmente importante que nosotros los padres aprendamos a controlar nuestra propia ira cuando respondemos a nuestros hijos. Pocos adultos han aprendido formas adecuadas de dominar la cólera. Una razón para esto es que la mayor parte de la furia se expresa subconscientemente, por debajo del nivel de nuestra conciencia. Otra, es que pocos adultos han hecho la transición de medios inmaduros a medios maduros de lidiar con la cólera. Es típico que esta deficiencia afecte nuestro trato con nuestro cónyuge e hijos. Veamos cómo los García manejan su enojo.

Después de un día de trabajo, un cansado José García está mirando la televisión en la sala de estar. Una cansada Elena está lavando los platos. Ninguno de los dos está muy contento con el otro. Rafael viene y le pide algunas galletitas a mamá. Ella no está de humor para dar galletitas y le responde:

—No terminaste de comerte la cena, así que no puedes comer otra cosa.

Pensando que su causa está perdida, Rafael va para la sala de estar donde encuentra un recipiente con dulces. Papá pregunta:

—¿Qué estás haciendo? Ya oíste a tu madre. ¡Nada de dulces!

Rafael sale de la habitación pero regresa en cinco minutos, rebotando su pelota de baloncesto.

—¿Puedo ir a casa de Samuel?

—No, no puedes ir, le contesta papá ásperamente.

—No has terminado tu tarea. ¡Y deja de rebotar esa pelota!

Rafael recoge su pelota y se va. A los cinco minutos regresa, esta vez rebotando su pelota en la cocina.

—Mamá, necesito un libro para terminar mi tarea y no traje el mío para la casa. Samuel tiene uno. ¿Puedo ir hasta allá a pedírselo prestado? En ese momento la pelota da contra la mesa y tumba una taza al suelo.

Al oír esto, José salta del sofá e irrumpe en la cocina.

—¡Te dije que no siguieras rebotando esa pelota! Agarra a Rafael por la mano y lo arrastra hasta la sala de estar, donde empieza a azotarlo en el trasero, gritando:

—¿Cuántas veces tengo que decírtelo? ¡Vas a aprender a hacerme caso!

Elena está en la cocina llorando y gritando:

—¡Déjalo! ¡Déjalo! ¡Vas a matarlo! Cuando José se detiene, Rafael corre a su habitación llorando. Papá se desploma en el sofá sin ver la TV. Mamá se va al dormitorio llorando. La rabia de la familia no ha servido a un propósito constructivo.

Muchas emociones se agitaban en este hogar y todo el mundo estaba enojado. Mamá estaba irritada con papá por no ayudarla con los platos. Papá estaba enfadado con Rafael por desobedecer la regla de la casa acerca de la pelota de baloncesto. Y Rafael era el más resentido de todos porque el castigo de papá era demasiado desproporcionado por su falta. Mamá también estaba airada por la forma en que su esposo había tratado a Rafael.

Nada se ha resuelto; todo está peor. Lo que Rafael hará con su ira aún está por verse. Aunque en la superficie se muestre dócil y actúe como si nada hubiese pasado, puedes estar seguro de que su resentimiento brotará más tarde en su comportamiento.

Ahora imaginemos esta escena con una reacción distinta a la ira. Un poco antes, Elena deja de lavar los platos, va a la sala de estar y se sienta en el sofá junto a José, "hablando" el lenguaje de amor primario de él por un momento, y diciéndole después:

—Tengo un problema. Estoy muy enojada, pero no te preocupes, no te voy a atacar. Sólo necesito tu ayuda para resolver mi problema. ¿Podemos hablar ahora o prefieres esperar hasta que termine el programa?

Entonces puede regresar a la cocina o irse a otra habitación y leer un libro un rato.

Cuando conversan, Elena con calma le explica que siente que no es justo que él no la ayude, sobre todo porque ella trabajó también todo el día y después preparó la cena. Le dice que ella espera más de él y le pide que en el futuro trate de hacerse el hábito de ayudarla.

Si Elena y José hubiesen sostenido esta conversación, la pregunta de Rafael de unas galletitas pudo haber recibido otra respuesta. Cuando Rafael rebotó la pelota por segunda vez en la cocina, papá hubiera podido venir, tomar en sus manos la pelota, "hablar" el lenguaje de amor primario del niño por un momento, explicarle su desobediencia y anunciarle que su pelota estaría encerrada en el maletero del auto de papá durante dos días. Entonces hubiese podido expresarse en el lenguaje de amor primario de su hijo otra vez por un momento. ¡Qué diferente situación hubiera habido en ese hogar!

Los padres que no han aprendido a controlar su propio enojo no podrán enseñar a sus hijos cómo hacerlo. Y sin embargo, esa enseñanza es esencial para el bienestar de los niños y de la sociedad. Si tú jamás has aprendido cómo lidiar con tu propia ira, te urgimos a que consigas ayuda en este campo, para que seas capaz de enseñar a tu hijo con tu ejemplo y tus palabras la mejor forma de dominar su indignación.

MOLDEANDO EL CARÁCTER

La forma en que tu hijo controle su ira, influirá enormemente en el desarrollo de su integridad personal, uno de los aspectos más importantes del carácter. Enseña a tu hijo a lidiar con su irritación como debe ser, y será capaz de desarrollar buen carácter y una integridad a toda prueba.

La carencia de este rasgo afectará críticamente el desarrollo espiritual del niño. Cuanto menos capaz sea un niño de controlar su cólera, más antagónica será su actitud hacia la autoridad, incluida la de Dios. La primera razón para que un hijo rechace los valores espirituales de sus padres es su incapacidad para controlar su ira.

No obstante, podemos felicitarnos de que cuando cumplimos con nuestro deber de enseñar a nuestros hijos cómo controlar su cólera, vemos cómo prosperan en la vida. Hay que entender que el enojo es una reacción humana normal; no es buena ni mala. El problema no es la cólera, sino la forma en que se maneja. Puede tener resultados beneficiosos, si nos motiva y da energía para entrar en acción en momentos en que de otro modo permaneceríamos pasivos y silenciosos.

Esto nos recuerda a Jimena. Una tímida jovencita de catorce años que huía de toda confrontación. Ella disfruta complaciendo a todos, y estaba esforzándose en su clase de Historia donde el maestro tenía el hábito de menospreciar toda fe religiosa, sobre todo el cristianismo. Con frecuencia ridiculizaba a conocidos cristianos a quienes Jimena admiraba. Como cristiana, al principio Jimena de sintió confundida por el antagonismo de su maestro, y después incluso llegó a dudar de su propia fe.

Entonces, hacia mediados del curso, el maestro hizo un comentario cáustico acerca de los "hijos de los predicadores". Una de las amigas de Jimena era hija de un pastor y esto hizo que Jimena se enojara. De hecho, ¡estaba furiosa! Esa tarde llamó a otros chicos cristianos de la clase y les propuso un plan en el cual todos acordaron participar. Cuando el maestro comenzó sus comentarios despectivos, estos estudiantes le contestaron, aunque de forma respetuosa. Le hicieron saber que sus comentarios eran ofensivos. Su primera reacción fue tratar de ridiculizar a los jóvenes, pero pronto se percató de que era él quien estaba quedando como un tonto y cambió de tema. Por el resto del curso se abstuvo de hacer comentarios desdeñosos acerca de una fe religiosa. Jimena había empleado su indignación de modo constructiva, para educar a su maestro y proteger su libertad personal.

PARA AYUDAR A CHICOS RESENTIDOS A LIDIAR CON SU CONDUCTA PASIVA-AGRESIVA

Desafortunadamente, la mayoría de la gente no maneja su enojo tan bien como Jimena. La forma más común y destructiva de manejar la ira se conoce como conducta pasiva-agresiva. Esta es una expresión de la cólera que "se las cobra" a una persona o grupo de manera indirecta o "pasiva". Es la determinación subconsciente de hacer exactamente lo opuesto a lo que una figura de autoridad desea. Una figura de autoridad es un padre, maestro, ministro, jefe, policía, las leyes, las normas sociales, etc. Cualquier persona o sistema de valores que represente a la autoridad. Por supuesto, para un niño o adolescente, las primeras figuras de autoridad son los padres.

Carlos, de quince años, es brillante, no tiene problemas de aprendizaje, y es capaz de alcanzar buenas calificaciones. Trae a la casa sus libros la mayor parte de las noches y hace sus tareas. Pero está resentido con sus padres, y está trayendo a su casa notas muy por debajo de sus habilidades. Sus padres se sienten impotentes. Su comportamiento es el clásico ejemplo de conducta pasiva-agresiva.

Cómo reconocer la conducta pasiva-agresiva

Hay muchas formas para que los padres decidan si se están enfrentando con una conducta pasiva-agresiva, y es importante que identifiquen correctamente la conducta, puesto que hay muchas otras razones para los problemas de comportamiento. Primero, la conducta pasiva-agresiva no tiene sentido. Eso está muy claro en el caso de Carlos: con su capacidad intelectual y su disposición para trabajar, sus notas bajas no tenían sentido.

Segundo, se puede sospechar que es conducta pasiva-agresiva cuando nada que uno haga para corregir el buen comportamiento da resultado. Puesto que el propósito de la conducta pasiva-agresiva es sacar de quicio a la figura de autoridad, no importa lo que esa figura haga, no habrá cambio alguno. Nada de lo que los padres o maestros de Carlos hacían mejoraba sus notas. Lo ayudaban a hacer la tarea, le prometían recompensas si obtenía buenas notas, e incluso intentaron castigándolo. Cada nuevo método parecía mejorar la situación de momento, pero a la larga, nada daba resultado. Esta es la razón por la que es tan difícil lidiar con la conducta pasiva-agresiva. Subconscientemente, Carlos se estaba asegurando de que nada diera resultado, puesto que el propósito subyacente era sacar de quicio a las figuras de autoridad.

Tercero, aunque el propósito de esta conducta es frustrar los deseos de las figuras de autoridad, el que en realidad sale perdiendo es quien está actuando de esa manera, cuyo futuro y relaciones se afectará gravemente.

La conducta pasiva-agresiva durante los años medios de la adolescencia

Hay un solo período de la vida en que la conducta pasiva-agresiva es normal: al principio de la adolescencia, cuando el chico tiene entre trece y quince años. Y puede considerarse normal sólo si no daña a nadie. Es esencial que el niño aprenda cómo dominar su ira con madurez y crezca emocionalmente hasta dejar atrás esa etapa. Si no lo hace, esa conducta se volverá un rasgo permanente de su carácter y su personalidad de por vida, el cual se dirigirá contra los empleadores, cónyuge, hijos y amigos.

Cuando nosotros los padres éramos jóvenes -hace siglos, como dicen nuestros hijos- nuestros modos de practicar esta conducta eran muy limitados. En un entorno rural, un adolescente podía poner la vaca del "Granjero Brown" en el techo del granero o tumbarle la caseta del retrete. En la ciudad, algunos chicos a veces formaban equipos para desarmar un *Volkswagen* y después armarlo otra vez dentro del dormitorio del dueño. Hoy en día los adolescentes tienen muchas alternativas para la conducta pasiva-agresiva, y algunas de éstas son peligrosas: tomar drogas, ser violentos, fumar mariguana, cometer delitos, tener sexo y contagiarse de enfermedades venéreas o embarazos, fracasar en los estudios y suicidio. Con frecuencia, cuando los adolescentes superan esta etapa, el daño que ya han hecho a sus vidas es irreparable.

Como padres necesitamos distinguir entre la conducta pasiva-agresiva inofensiva, y la que es anormal y dañina. Por ejemplo: forrar árboles o patios en papel higiénico es un desfogue normal durante la etapa adolescente de conducta pasiva-agresiva. Una habitación revuelta mortifica, pero es inofensiva. También, las actividades físicas agotadoras pueden ayudar a los adolescentes a satisfacer su deseo de excitación y peligro. Algo que puede ayudar a los adolescentes en esta etapa es participar en alpinismo, carreras, largos recorridos en bicicleta, y deportes en equipo o individuales.

En tanto buscas la forma de ayudar a tu joven adolescente a superar esta etapa, recuerda que tu objetivo es enseñarle a dominar su cólera, para que sean capaces de controlarla cuando lleguen a los diecisiete años. No pueden dejar atrás la etapa de la conducta pasiva-agresiva, a menos que aprendan otras formas más maduras y aceptables con que sustituirla.

Debido a que mucha gente jamás supera esta etapa, es común ver esa conducta en adultos. La mayoría de las personas no comprenden la cólera ni las formas en que puede dominarse. Muchos padres han cometido el trágico error de pensar que toda la ira está mal y que debe disciplinarse a los niños hasta eliminarla. Este método no funciona. No enseña a los hijos a encauzar su enojo en formas constructivas; por consiguiente, siguen portándose mal en la edad adulta, tal como sus padres lo hicieron antes que ellos. La conducta pasiva-agresiva es una causa primordial del fracaso en la universidad. Es una causa común de problemas con los jefes, y a menudo se dirige contra el cónyuge durante los problemas matrimoniales. Debido a que la conducta pasiva-agresiva es la causa escondida de la mayor parte de los peores problemas de la vida, es preciso que nosotros los padres enseñemos a nuestros hijos a manejar su ira adecuadamente. No podemos sacársela con castigos.

PARA ENSEÑARLE TEMPRANO LA REACCIÓN CORRECTA

Es obvio que no puedes esperar hasta su adolescencia para enseñarle a tus hijos cómo controlar su cólera. Tienes que empezar cuando son muy pequeños, aunque no puedes esperar que sean capaces de dominarla con algún nivel de madurez hasta que lleguen a los seis o siete años.

La parte más difícil de la paternidad es el control del enojo, porque los niños tienen muy limitados modos en que pueden expresar su cólera. Tienen sólo dos opciones: la verbal o el comportamiento, y para los padres ambas son difíciles de manejar. A los padres les es difícil entender que la ira tiene que salir de algunaa manera, que no puede embotellarse por completo. Como resultado, muchos padres responden a las expresiones de enojo de sus hijos de un manera errada y destructiva.

Cuando consideras las dos opciones, tienes que reconocer que es mejor que tu hijo exprese su enfado verbalmente que con su comportamiento. Cuando tu hijo expresa su rabia en palabras, eres capaz de enseñarle para que la dirija hacia una forma madura. Tienes que procurar evitar la conducta pasiva-agresiva a cualquier costo.

Hasta los seis o siete años, debes concentrarte sobre todo en evitar que la conducta pasiva-agresiva eche raíces en tu hijo. El primer modo -y el más importante- en que puedes hacerlo, es mantener lleno de amor incondicional su tanque de emociones. La primera causa del enfado y la mala conducta es un tanque de amor vacío. Exprésate con claridad y regularidad en el lenguaje de amor de tu hijo, y le tendrás lleno ese tanque e impedirás que la conducta pasiva-agresiva eche raíces en él. Cuando ese tanque está lleno, el niño no está presionado para mostrar su infelicidad preguntando con su conducta: "¿Me quieres?" El hijo cuyo tanque de amor está vacío, se siente compelido a preguntar -mediante su mal comportamiento-: "¿Me quieres?" Por supuesto, un tanque de amor vacío no es la única causa de mala conducta o de enojo, pero es la más común.

A continuación, debes comprender que tus hijos no tienen defensa contra la ira paterna. Cuando descargas tu cólera sobre tu hijo, le penetra hasta el fondo. Si haces esto muy a menudo, es probable que esta rabia embotellada salga a la superficie como conducta pasiva-agresiva. Escúchale con calma, deja que exprese su enojo verbalmente. Puede que no sea agradable oír lo que dice, pero es preferible eso a que reaccione con resentimiento.

Por desgracia, cuando los hijos le dan salida a su enojo verbalmente, la mayoría de los padres se encolerizan todavía más que los hijos y responden algo por el estilo de esto: "¿Cómo te atreves a hablarme así? No quiero volver a oírte hablarme de esa forma otra vez. ¿Entiendes?" Los hijos entonces tienen dos opciones: Pueden obedecer y no expresar su cólera verbalmente, o puede desobedecer. ¡Qué callejón sin salida!

PARA AYUDAR A LOS HIJOS A SUBIR POR LA ESCALA DE LA IRA

Miles de padres han podido comprender la cólera de un hijo, visualizando la Escala de la Ira (ver ilustración en la página siguiente). En tanto tratas con tu hijo en los próximos años, busca siempre cómo ayudarlos a subir de un peldaño de la Escala de la Ira al próximo, dejando atrás las expresiones más negativas de la cólera por otras más positivas. El objetivo es que el chico salga de la conducta pasiva-agresiva y el maltrato verbal, hacia una reacción calmada e incluso agradable que busca una solución. Este es un proceso largo que implica enseñanza, ejemplos y paciencia. Con frecuencia un hijo avanza lentamente desde algo más negativo a menos negativo; su reacción todavía es negativa pero no lo es tanto. Como resultado, los padres no siempre pueden ver el progreso.

Observa que la conducta pasiva-agresiva está en al final de la escala; representa la cólera totalmente incontrolada. Como esta conducta es común durante la adolescencia, tendrás que lidiar con ese nivel en algún punto, pero no debes permitir que tu hijo adolescente permanezca allí. Si lo haces, estás estableciendo una ruta de ruina y miseria.

Necesitas recordarte que tu hijo puede subir sólo un peldaño a la vez. Si quieres que el proceso y la enseñanza se terminen pronto, te sentirás frustrado. Puedes esperar algún tiempo antes de que tu hijo esté listo para dar el próximo paso. Esto requiere paciencia y sabiduría, pero los resultados bien merecen la pena de esperar. Cuando veas a tu hijo expresar

LA ESCALA DE LA IRA

POSITIVO

1. AGRADABLE • BUSCA SOLUCIONES • CONCENTRA LA IRA EN SU ORIGEN • SE ATIENE A LA QUEJA ORIGINAL • PIENSA CON LÓGICA
2. AGRADABLE. CONCENTRA LA IRA EN SU ORIGEN • SE ATIENE A LA QUEJA ORIGINAL • PIENSA CON LÓGICA

POSITIVO Y NEGATIVO

3. CONCENTRA LA IRA EN SU ORIGEN • SE ATIENE A LA QUEJA ORIGINAL • PIENSA CON LÓGICA • desagradable, ruidoso
4. SE ATIENE A LA QUEJA ORIGINAL • PIENSA CON LÓGICA • desgradable, ruidoso. extiende la ira a otras fuentes
5. CONCENTRA LA IRA EN SU ORIGEN • SE ATIENE A LA QUEJA ORIGINAL • PIENSA CON LÓGICA • desagradable, ruidoso. maltrata verbalmente
6. PIENSA CON LÓGICA • desagradable, ruidoso • extiende la ira a otras fuentes • expresa quejas que no tienen relación

MAYORMENTE NEGATIVO

7. desagradable, ruidoso • extiende la ira a otras fuentes • expresa quejas que no tienen relación • conducta emocionalmente destructiva
8. desagradable, ruidoso • extiende la ira a otras fuentes • expresa quejas que no tienen relación • maltrata verbalmente • conducta emocionalmente destructiva
9. desagradable, ruidoso • maldiciente • extiende la ira a otras fuentes• expresa quejas que no tienen relación • maltrata verbalmente • conducta emocionalmente destructiva
10. CONCENTRA LA IRA EN SU ORIGEN • desagradable, ruidoso • maldiciente. extiende la ira a otras fuentes • arroja objetos • conducta emocionalmente destructiva
11. desagradable, ruidoso • maldiciente • extiene la ira a otras fuentes • arroja objetos • conducta emocionalmente destructiva

NEGATIVO

12. CONCENTRA LA IRA EN SU ORIGEN • desagradable, ruidoso • maldiciente • destructor de la propiedad • maltrata verbalmente • conducta emocionalmente destructiva
13. desagradable, ruidoso • maldiciente • extiende la ira a otras fuentes • destructor de la propiedad • maltrata verbalmente • conducta emocionalmente destructiva
14. desagradable, ruidoso • maldiciente • extiende la ira a otras fuentes • destructor de la propiedad • maltrata verbal y físicamente • conducta emocionalmente destructiva
15. conducta pasiva-agresiva

NOTA: Las letras mayúsculas indican la forma positiva de expresar la ira.
FUENTE DE DATOS: Ross Campbell, Kids in Danger (Colorado Springs: Victor, 1995).

enojo, necesitas identificar dónde se encuentra en la Escala de la Ira, para que sepas cuál es el paso siguiente. (Puedes leer acerca de la Escala de la Ira con más detalle en el libro de Ross *Chicos en peligro.)*

En mi propio caso, recuerdo en particular una experiencia desagradable cuando mi hijo David, tenía trece años. El expresaba verbalmente su enojo sólo cuando un suceso en particular lo sacaba de sus casillas.

A veces me expresaba su indignación de un modo que me molestaba oírlo, y antes de soportarlo, tenía que convencerme a mí mismo de que debía hacerlo, pues sabía que el permitir que le diera salida a su rabia, me ayudaría a determinar dónde estaba en la Escala de la Ira. En mi interior le decía: *"¡Dale, David, arriba! Deja salir esa rabia, porque cuando esté fuera, te tengo cogido."* Por supuesto, eso no se lo decía a David.

Otra razón por la que yo deseaba que descargara su ira era que mientras la tuviera dentro, controlaría la casa. Pero una vez afuera, se sentiría avergonzado y yo podría recobrar el control. Él ya habría desfogado toda su cólera verbalmente y se estaría preguntando: "Y ahora, ¿qué hago?" Ese era el momento en que yo tenía ventaja sobre él para enseñarlo.

El dejar que David dijera todo aquello tenía otra ventaja: mientras más furor expresara verbalmente, menos expresaría mintiendo, robando, fornicando, drogándose y todas las otras modalidades de conducta pasiva-agresiva que son tan frecuentes hoy en día. Eso será así con tu hijo también. Permite que exprese todo su enojo verbalmente y verás dónde está en la Escala de la Ira, y podrás limitar las posibilidades de conducta pasiva-agresiva.

PERMITE EXPRESIONES VERBALES DE CÓLERA

Colegas padres, esta forma de tratar con los hijos no siempre es fácil de aceptar. Permitir que un hijo exprese su cólera verbalmente puede parecer indulgente. En realidad no lo es.

Recuerda que los hijos de cualquier edad, por naturaleza, expresan su enojo de modos inmaduros. No puedes enseñarlos cómo expresar su ira de un modo maduro simplemente indignándote con ellos y forzándolos a parar de expresar su cólera. Si lo haces, su rabia se acumulará ganando presión y como resultado se manifestará como conducta pasiva-agresiva.

Si deseas enseñar a tus hijos cómo manejar su cólera de una manera madura, tienes que *consentirles expresarla verbalmente, por desagradable que esto pueda ser. Permíteles expresar verbalmente su enojo, y podrás conducirlo hacia arriba por los peldaños de la Escala de la Ira. Recuerda: toda la furia tiene que salir, o en palabras o en comportamiento. Si no accedes a que salga verbalmente, se expresará con la conducta pasiva-agresiva.*

Cuando tu hijo habla encolerizado, eso no necesariamente significa que te esté faltando el respeto. Para determinar si es respetuoso, pregúntate a ti mismo: "¿Cuál es la actitud del niño hacia mi autoridad la mayor parte del tiempo?" La mayor parte de los niños son respetuosos el noventa por ciento del tiempo. Si es así con tu hijo, y ahora se está desahogando verbalmente contigo por una situación particular, eso es exactamente lo que tú quieres que suceda. Primero que todo, porque tu hijo le ha dado salida a todos los sentimientos de rabia, y tú estás entonces en una posición excelente para enseñarlo.

Pudieras preguntarte: *¿No es injusto esperar que me sienta agradecido de que mi hijo le dé rienda suelta a su ira y que yo tenga que dominarme?* Reconocemos que eso no es fácil. Pero cuando te comportas así, te estás obligando a ti mismo a madurar. Y estás salvándote a ti y a tu familia de algunos de los peores problemas de la vida.

También pudieras preguntarte: *¿Y qué me dices de los niños que están expresando rabia la mayor parte del tiempo, aun cuando no estén molestos por un hecho o persona en particular?* Es verdad; algunos niños demuestran enojo para manipular a sus padres y lograr salirse con la suya, y eso es inaceptable. Las expresiones verbales furiosas motivadas por un deseo de sacar de quicio y lastimar a otros, son impropias y tienen que ser corregidas. Pero en la corrección, practica los parámetros paternales básicos: ser agradable, pero firme.

Esto puede parecer confuso, pero dejar que tu hijo descargue su enojo verbalmente en ti cuando está molesto por un problema en particular, te proporcionará una oportunidad de enseñarlo, como trataremos más adelante. Asegúrate de controlarte mientras tu hijo expresa su cólera verbalmente. Por supuesto, si tu hijo está canalizando su ira sin una razón clara o simplemente para manipularte, eso es inaceptable y debe manejarse como cualquier otra mala conducta. Sin embargo, aun con una inaceptable forma de airear su cólera, emplea la disciplina adecuada sin descargar tu furor sobre la criatura. Permanece siempre agradable, pero firme.

UN TIEMPO PARA ENSEÑAR

Recuerda, cuando un niño se acerca a descargar un enojo normal y ocasional contigo, también se está acercando para que le enseñes. Por consiguiente, no empieces a enseñarlo hasta que ambos, él y tú, se hayan calmado y vuelvan a sentirse bien. Sin embargo, no esperes demasiado, o perderás los efectos de edificar sobre lo que ha sucedido. Tan pronto las cosas sean estables entre ustedes, siéntense juntos y hagan tres cosas. Cada una de ellas ayudará a tu hijo a lidiar con su cólera de un modo positivo.

1. Hazle saber que no lo castigarás. Sobre todo si un hijo es sensible a la autoridad, puede sentirse culpable por lo que ha hecho. A menos que le digas que no le condenarás, puede que nunca más exprese su enojo. Y, si no vuelve a expresar su rabia, no tendrás oportunidad de ayudarlo a subir la Escala de la Ira. Parte de la enseñanza es hacerle saber que lo aceptas como persona y que siempre quieres saber cómo se siente, lo mismo feliz que triste o furioso.

2. Elógialo por las cosas que haya hecho bien. Puedes decirle: "Me hiciste saber que estabas enojado y eso es bueno. No descargaste tu cólera sobre tu hermanito o el perro. No tiraste cosas ni le pegaste a la pared. Simplemente me dijiste que estabas enojado." Menciona cualquier cosa que haya hecho bien. En cualquier momento en que un hijo te habla con enojo, ha hecho algunas cosas buenas y evitado hacer otras malas.

3. Ayuda a tu hijo a subir un peldaño en la Escala de la Ira. La meta es hacer adelantar a tu hijo hacia reaccionar a la cólera de modo más positivo. Esto implica pedirle algo a tu hijo en vez de prohibirle algo. En lugar de decirle: "¡No vuelvas a llamarme así otra vez!" dirás:"De ahora en adelante, hijo, por favor, no me llames así otra vez. ¿De acuerdo?" Por supuesto, eso no garantiza que jamás vuelva a decirte lo que le pediste que no te dijera. Pero lo que sí asegura es que cuando sea lo suficientemente maduro, lo hará así. Puede que eso suceda al día siguiente o dentro de varias semanas o meses a lo largo del camino.

Esta clase de entrenamiento es un proceso largo y difícil, pero, después que lo hayas hecho suficientes veces, tu hijo empezará a hacerlo bien sin que se lo recuerdes. La combinación de tu enseñanza, más tu buen ejemplo al manejar la cólera de un modo maduro, ayudará a tu hijo a enseñarse a sí mismo al poco tiempo.

Para obtener más información acerca de cómo ayudar a los niños a dominar su ira, recomendamos dos libros de Ross: *Cómo amar realmente a tu hijo* y *Cómo amar realmente a tu adolescente.*[1]

AMOR Y CÓLERA

Una vez más, el elemento más crucial para entrenar a tus hijos a dominar su ira es tu amor incondicional por ellos. Cuando ellos saben que se les ama de este modo, cuando se sienten verdaderamente amados todo el tiempo, serán mucho más sensibles a tus enseñanzas. También, tendrás mucha más oportunidad de conseguir tu meta de llevarlos hasta la madurez emocional para los diecisiete años.

Definimos el amor como el procurar los intereses de otra persona y tratar de satisfacer todas sus necesidades. Con esta definición, todas las palabras y obras injuriosas e injustas son en realidad una falta de amor. No podemos amar a una criatura y al mismo tiempo tratarla mal. Insistir en que la seguimos queriendo cuando nos estamos portando mal con ella es despojar de sentido a la palabra *amor*. Un hijo tratado en esta forma no se siente amado. Más bien se siente furioso, porque piensa que no lo aman.

Todos conocemos adultos que están rabiosos porque sienten que sus padres no los aman. Pueden ofrecer razones muy válidas para su cólera, pero la raíz específica de esto es la falta de amor. Su conclusión es: "Si me hubiesen amado, no me hubieran tratado como lo hicieron."

No estamos sugiriendo que los hijos que reciben amor incondicional, expresado en su lenguaje primordial y en los otros, nunca se enfurecerán. Lo harán, simplemente, porque vivimos en un mundo imperfecto. Tampoco decimos que a fin de resolver la ira de tus hijos tienes que estar de acuerdo con su punto de vista. No obstante, tienes que escuchar su punto de vista y llegar a comprender su preocupación. Entonces puedes juzgar si se fue injusto con ellos o no se les comprendió. A veces te hará falta pedirles disculpas. Otras veces, tendrás que explicarle por qué razones tomaste una decisión para su bien. Aunque no les guste tu decisión, te respetarán por ella si te has tomado el tiempo de escuchar con cuidado sus quejas y comprenderlas.

Uno de los aspectos más duros de la paternidad, de la crianza de los hijos, es procesar la ira y después, enseñarle a tus hijos cómo lidiar con ella con madurez. Pero las recompensas son grandiosas. "Habla" el lenguaje de amor de tu hijo, mantén lleno de amor su tanque emocional, y observa cómo se desarrolla hasta ser un adulto amoroso y responsable que sabe cómo procesar la ira y ayudar a otras personas a hacer lo mismo.

Notas

1. Ross también imparte seminarios basados en estos libros. Para información sobre ambos seminarios, puedes contactar al autor en 2515 Boston Branch Circle, Signal Mountain, TN. 87877, o llamar al (423)886-4280.

LOS CINCO LENGUAJES DEL AMOR DE LOS NIÑOS

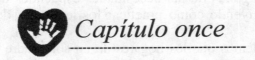 *Capítulo once*

CÓMO HABLAR LOS LENGUAJES DE AMOR EN LAS FAMILIAS DE UN SOLO PADRE (O MADRE)

A veces puede parecer difícil llenar el tanque de amor de un niño: si estás cansado, si tu hijo lo está pidiendo y puede que estés sintiendo que tú mismo necesitas amor. Al menos tienes a tu cónyuge que te ayuda. ¿O no lo tienes?

En millones de hogares donde está sólo el padre (o la madre), la respuesta es no. En lugar de dos padres que llenan el tanque emocional de un hijo regularmente, uno de ellos tiene que hacerlo solo. En lugar de dos padres dando el amor que fluye a través de su relación matrimonial, el amor ahora viene de una madre o padre solitario que está herido, aislado, presionado y carece del suficiente alimento espiritual adulto.

Sin embargo, todavía puedes hablar el lenguaje de amor de tu hijo y llenarle su tanque emocional. Todo lo que hemos dicho acerca de amar a tus hijos es cierto, tanto si viven con un padre o con los dos. Hay muchas dimensiones agregadas en las familias de un solo padre, pero el poder de los cinco lenguajes de amor no es menor. Enfatizamos esto, teniendo en cuenta que alrededor de uno de cada cuatro criaturas (el veintisiete por ciento de menos de dieciocho años) vive con un solo padre, según las cifras de 1994 del censo de Estados Unidos. Debido a que tantos niños están viviendo en hogares con sólo uno de sus padres, nos sentimos compelidos a referirnos a algunas de las necesidades especiales de estas familias, incluyendo cómo practicar los lenguajes de amor con tus hijos.

Comprendemos que los hogares de un solo padre no son todos iguales. Algunos han sido el resultado de un divorcio, y otros, de la muerte de un cónyuge, o aun de padres que jamás se casaron.[1] En los hogares de un solo padre a consecuencia de un divorcio, algunas criaturas disfrutan de un contacto positivo con el padre que no tiene la tutela, en tanto que otras sufren por el contacto negativo o por la total falta de relaciones con éste. Algunas familias de un solo padre viven cerca de sus parientes y disfrutan del beneficio de la proximidad de abuelos, tíos, tías, y primos. Muchos otros viven lejos de sus parientes y tienen que arreglárselas como pueden.

No importa cuál sea tu situación, si eres un padre que está criando a tus hijos solo, sabemos que puedes demostrarle amor con efectividad a tu familia, sobre todo "hablando" el lenguaje de amor primario de tus hijos.

TENSIONES Y CONFUSIÓN EN EL HOGAR

La madre o padre solitario que trata de satisfacer las necesidades de sus hijos al mismo tiempo que mantiene una carrera y algún viso de vida personal, sabe las tensiones que se generan en la batalla del hogar. Si tu situación es ésta, ya te sabes demasiado bien las presiones del tiempo, las exigencias de la economía y los cambios sociales y personales que han experimentado tú y tus hijos. Conoces las dudas acerca de si puedes cumplir como es debido tus deberes de padre (o madre). Has escuchado todos los juicios de supuestos expertos acerca de los peligros ocultos que aguardan a las criaturas.

A veces, sientes la soledad y la extenuación de tener que hacer todo por ti mismo.

Todos hemos conocido en el pasado personas que fueron criadas por un solo padre; a menudo habían perdido a su otro padre por una muerte prematura. Lo que ha cambiado tan drásticamente la historia en las últimas décadas, es la enorme cantidad de divorcios. Tenemos que reconocer que esos niños que han perdido un padre por divorcio, experimentan el mayor trauma sicológico. Su trauma es a menudo mayor que el de las criaturas que sufren por la muerte de un padre.

Cuando muere un padre, el hijo sabe que no había otra alternativa. Por lo regular la muerte va precedida de una enfermedad, y esto ayuda al hijo a comprender su muerte. El divorcio es una opción por parte de uno o ambos padres, aun cuando esa "opción" parezca ser una necesidad. Un padre que ha quedado viudo tendrá que luchar contra los recuerdos que tiene el hijo de su padre fallecido, pero no contra la calidad del vínculo positivo o doloroso con el cónyuge que se ha ido. Un padre que se ha divorciado se enfrenta a años de decisiones en la relación con el padre que no tiene la tutela.

Muchos padres divorciados se encuentran en un torbellino con su parentela y su iglesia. Nadie sabe qué hacer con ellos de ahí en adelante. Por otra parte, alguna gente siente la necesidad de expresar su desaprobación del divorcio. Y muchos padres divorciados serían los primeros en decir que, por supuesto, ellos no se lo recomendarían a nadie.

Sería difícil nombrar otro cambio que haya afectado más hondamente la naturaleza de nuestra sociedad hoy en día que el divorcio. Pero el número cada vez mayor de familias con un solo padre a consecuencia del divorcio, es un problema social de mucha más envergadura de lo que el ámbito de este libro puede tratar. Nos concentramos en lo que debemos hacer ahora: ¿Cómo podemos ayudar a los niños que se encuentran en circunstancias que jamás escogieron y que no pueden cambiar? Nos preocupamos también por los millones de padres solitarios que están luchando valientemente para mantener a sus familias intactas y para criar a sus hijos felices y responsables.

Las necesidades de las criaturas en semejantes hogares son las mismas que las de los niños de familias intactas. Lo que cambia es la forma en que se satisfacen esas necesidades: un padre es el principal encargado de cuidarlos, en lugar de dos. Y el cuidador, lo mismo si está solo por divorcio, que por muerte, o por no haberse casado nunca, por lo regular está herido, lastimado. Padres heridos y lastimados están tratando de ministrarles a sus hijos heridos y lastimados, al mismo tiempo que esperan convencerlos de que la vida puede ser aceptablemente normal. Los niños, en vez de tener que enfrentar únicamente los retos comunes del crecimiento, ahora tienen encima otro conjunto de preocupaciones que, en una vida normal, no debían formar parte de su mundo.

Judith Wallerstein, fundadora y directora ejecutiva de El Centro para la Familia en Transición, ha hecho la más extensa investigación acerca de los efectos del divorcio sobre los hijos. En su libro *Segundas oportunidades: Hombres, mujeres e hijos una década después del divorcio,*[2] ella indica que inició su investigación con las ideas comúnmente aceptadas entre muchos adultos: el divorcio trae dolor a corto plazo, pero al final proporciona mayor felicidad y plenitud para todos los implicados. Los años de investigación de Wallerstein han puesto al descubierto que esta presunción no es cierta. En muchas formas, las criaturas jamás se recuperan del dolor del divorcio.

La mayor parte de los hijos a quienes Wallerstein, Sandra Blakeslee y otros asociados entrevistados, se consideraban a sí mismos como parte de una categoría especial: "Hijos del Divorcio". Se sentían unidos a otros que habían pasado por las mismas experiencias. La más común de las emociones de estos chicos eran el temor, la ira y la ansiedad. Hasta diez años después de que sus padres se divorciaron, estos sentimientos todavía salían con frecuencia a la superficie.

PARA AYUDAR A TU HIJO A
ASIMILAR LA CONGOJA

Sentimientos como estos pueden vaciar rápidamente de amor el tanque emocional de un hijo. Mientras "hablas" el lenguaje de amor primario de tu hijo a fin de llenárselo, ten en cuenta que necesita mucho amor. Las reacciones más comunes a la congoja son el rechazo, la ira, el negociar primero y después volver a la cólera, que sienten tanto los hijos del divorcio como los huérfanos de un padre. Al final las criaturas encuentran cierto nivel de aceptación de la pérdida de un padre. Algunos hijos pueden avanzar a través de estas etapas de la congoja más rápido si los adultos importantes en sus vidas tratan de comunicarse abiertamente con ellos acerca de su pérdida. Necesitan hablar con alguien y llorar en su hombro. Si los miembros de la familia no pueden participar de una forma útil, puede hacerlo un pastor amoroso, un amigo o un consejero.

Estudiemos cada una de las reacciones y cómo los padres y otros adultos amigos pueden ayudar al hijo a avanzar hasta aceptar la situación. Es importante recalcar que hablar el lenguaje de amor primario del niño durante todo el tiempo, ayudará a éste a asimilar su congoja.

Rechazo

Es típico que la primera reacción sea el *rechazo*. Ningún niño quiere creer que sus padres se están separando, o que un padre ha muerto. Hablará como si sus padres se hubieran separado por una temporada, o como si el padre muerto se hubiese ido de viaje para regresar pronto. En esta etapa, el niño está muy asustado y siente una profunda sensación de tristeza y pérdida. Puede llorar con frecuencia por causa de su intensa ansia de que sus padres estén reunidos. En el caso del divorcio, pudiera incluso sentir que lo están rechazando.

Cólera

El rechazo va acompañado y seguido de una intensa *cólera*. La criatura está furiosa con los padres por violar las reglas no escritas de la paternidad: Se supone que los padres cuiden de sus hijos, no que los abandonen. Esta ira puede expresarla abiertamente en palabras o dejarla encerrada dentro de sí, por miedo de trastornar a los padres o de ser castigado por palabras y conducta airadas. Una criatura abiertamente rabiosa puede tener perretas, explosiones verbales y aun ser físicamente destructiva. El hijo se siente impotente: no tiene voz ni voto en lo que le está sucediendo. También tiene una sensación de profunda soledad y se siente incapaz de hablar con nadie.

La cólera del hijo puede dirigirse contra el padre que se ha ido o el que tiene la tutela o a ambos. En caso de muerte, la ira puede dirigirse contra Dios. El niño arde en deseos de ser amado, de saber que alguien realmente se preocupa por él y lo cuida. No es probable que reciba esto del padre que se ha ido. La criatura puede recibir o no un amor significativo del padre que tiene su custodia. Y si un hijo cree que el padre que tiene al lado es responsable del divorcio, puede no abrirse a las expresiones de amor de ninguno de los dos. Por esa razón, es preciso que los abuelos y otros miembros de la familia, maestros y líderes religiosos estén atentos a sus oportunidades de satisfacer como es debido la necesidad de amor del chico. Si conocen el lenguaje de amor primario del niño, sus esfuerzos para satisfacer sus necesidades emocionales serán más efectivos.

El lenguaje de amor de Rubén era el contacto físico. Su padre se fue cuando él tenía nueve años. Recordando aquella etapa, Rubén afirma: "Si no hubiese sido por mi abuelito, no estoy seguro de que hubiera podido sobreponerme a aquello. La primera vez que lo vi después que mi padre se fue, me tomó en sus brazos y me abrazó durante largo rato. No dijo una palabra, pero yo supe que él me amaba y que siempre estaría allí a mi alcance. Cada vez que venía a verme, me abrazaba y cuando se iba, igual. No sé si él sabía cuánto significaban para mí aquellos abrazos, pero eran como la lluvia que cae sobre el desierto para mí.

"Mi mamá me ayudaba mucho dejándome hablar y preguntándome cosas y alentándome a contarle mi dolor. Yo sabía que ella me amaba, pero en las primeras etapas, no estaba dispuesto a recibir su amor," admitió Rubén. "Ella trataba de abrazarme y yo la empujaba lejos. Pienso que la culpaba por la ida de mi padre. No fue hasta que me enteré de que él la había abandonado por otra mujer, que comprendí cuán injusto había sido con ella. Entonces empecé a recibir sus abrazos y volvimos a tener apego."

Negociar

Al rechazo y la cólera les sigue el *negociar.* Cuando los padres se separan, el hijo hace todo lo que puede para reunirlos de nuevo. Esto puede implicar conversar con los padres por separado y juntos pidiéndoles que intenten limar sus diferencias y restablecer la unión de la familia. Si el negociar verbalmente no funciona, la criatura puede tratar subconscientemente de manipularlos portándose tan mal como para llamar la atención de sus padres. También puede estar probando a los padres para ver si en realidad les importa su bienestar. Su reacción puede ser el uso de drogas, pequeños hurtos, vandalismo, fornicación o aun el suicidio.

Más cólera

A continuación del intento de negociar, seguirá *más cólera.* La ira ruge hondo y permanece mucho tiempo en el corazón de los hijos cuyos padres se divorcian. Es probable que por lo menos hasta un año después del divorcio, ellos luchen contra emociones como la culpa, la ira, el miedo y la inseguridad. Canalizar tanta energía en estos sentimientos puede dar por resultado notas más bajas en la escuela, comportamiento social negativo más agresivo, menos respeto hacia todos los adultos y una devastadora melancolía. Es en este cuadro doloroso que los padres solitarios tratan de satisfacer la necesidad de amor de sus hijos y al mismo tiempo, establecer algún viso de normalidad en el hogar. La suya es una tarea nada fácil.

EMPLEANDO LA LECTURA Y LA CONVERSACIÓN PARA AYUDARLOS

Como si fuera poco el problema vinculado con la pérdida y la congoja, a los hijos abrumados por tantos sentimientos negativos les es difícil pensar con claridad. Si eres el padre solitario de tales criaturas, el leer juntos puede ayudar a tus hijos a empezar a pensar con más claridad acerca de su dolor y su pérdida. Debes buscar libros de cuentos que ellos sean capaces de comprender. Escoge historias, canciones y poemas apropiados a sus edades, hasta los primeros años de la adolescencia. Este momento cálido puede unirlos. Muchos cuentos agradables tienen poderosas lecciones éticas y morales, como "Pinocho" y los cuentos de Beatrix Potter. Hay muchas guías para ayudarte a escoger buena literatura. Recomendamos *Miel para el corazón de un hijo (Honey for a Child's Heart),* de Gladys Hunt; *Libros que forjan el carácter (Books That Build Character),* de William Kilpatrick; y *El libro de las virtudes (The Book of Virtues),* de William Bennett.

Presta atención a las reacciones de tu hijo mientras le lees. Pregúntale lo que piensa, propicia la ocasión para conversaciones a su nivel. Si estás leyendo acerca de un niño o animal que se ha perdido y tu hijo expresa preocupación, tienes una gran oportunidad para alabarlo por su preocupación. También puedes hablar de cómo se siente el que está perdido, o pierde a alguien a quien ama.

Esta clase de enseñanza es muy importante para ayudar a las criaturas a procesar la culpa y la crítica, tanto contra ellas como contra los demás. Todos los niños juegan el juego de la culpa: "No es culpa mía. Ella empezó," es la cancioncita de siempre. La ira puede confundir sus ideas. No es raro que ellos crean que está justificado echarle la culpa a otros, simplemente porque se sienten furiosos. Cuando se calman, puedes explicarles diferentes lados de la situación, no sólo acerca de otros niños, sino también acerca de lo que ha pasado en tu familia, para que empiecen a tener en cuenta el punto de vista de otras personas. Esto no significa que tú o ellos tengan que estar de acuerdo con todo el mundo. En especial cuando los niños se sienten terriblemente heridos por el padre que ellos creen los ha abandonado, necesitan saber que su sensación de pérdida es natural y que no deben sentirse culpables por eso.

Otra cosa que puedes hacer mientras leen juntos, es comentar los sucesos de la vida diaria de tus hijos y también inventar cuentos. Esto te ayudará a comprender lo que pasa dentro de ellos, a niveles que ellos pueden ser incapaces de expresar en palabras cuando conversan.

BUSCANDO AYUDA

Ningún padre puede satisfacer las necesidades de amor de un hijo por sí solo. Como dijimos antes, algunos hijos pueden decidir no aceptar amor de ninguno de sus padres; su sufrimiento y su ira pueden ser tan grandes que no permiten la posibilidad de amar. Ahí es donde los abuelos y otros parientes, así como los miembros de la iglesia y de la comunidad, pueden desempeñar una función.

Si eres un padre solitario, no esperes a que la gente te pregunte si te pueden ayudar. Algunos pueden estarse cohibiendo, por no querer inmiscuirse en tus asuntos familiares. Otros pueden no haberse percatado de tu situación. Si tú o tus hijos necesitan ayuda, indaga las posibilidades disponibles en tu comunidad. Alguien de la escuela de tus hijos o de tu iglesia puede guiarte en tu búsqueda.

Siempre son importantes los parientes, pero se vuelven mucho más cruciales cuando las criaturas sufren pérdidas. Por ejemplo, los abuelos que vivan cerca pueden ayudar a los nietos de muchas maneras durante los días de escuela, y su presencia puede servir de aliento a su propio hijo o hija que está solo. Pueden ir a la casa y ayudar a los pequeños a alistarse para la escuela por la mañana. Si es necesario recoger a uno de los niños, pueden estar dispuestos a ayudar, por ejemplo, en llevar a los chicos después de la escuela al médico, a los deportes y a las lecciones de música.

Hay muchas personas que se alegrarían de ayudar a las familias de un solo padre si supieran que necesitan su ayuda. Les gusta ser útiles si hacen falta. El único problema es coordinarlos a los dos. Un buen lugar para esto es una iglesia local, y algunas iglesias se están registrando a ese efecto. Si te resulta difícil dar a conocer tus necesidades, recuerda que estás haciéndolo no por ti en primer lugar, sino por el bienestar de tus hijos.

LOS LENGUAJES DE AMOR EN LOS HOGARES DE UN SOLO PADRE

La necesidad emocional de un chico por amor es tan importante después del divorcio como lo era antes. La diferencia es que el tanque emocional de la criatura se ha roto por el grave trauma del divorcio. El tanque de amor tendrá que ser reparado mediante horas de escucharle con simpatía y ayudarle a procesar las emociones de las que hemos tratado. Alguien tiene que alimentar el espíritu del niño mientras atraviesa el proceso de congoja, si es que esa criatura alguna vez va a creer que se le ama de veras. El proceso de reparar el tanque de amor es en sí mismo una expresión de amor. Escucharlo mucho, hablar menos, ayudar a la criatura a enfrentar su realidad, reconocer la herida, mostrar comprensión con el dolor, es todo parte de ello.

Por supuesto, la forma fundamental de rellenar el tanque emocional es hablar el lenguaje de amor primario de tu hijo. Ten en mente que el lenguaje de amor primario de la criatura no cambia simplemente porque sus padres se hayan separado debido al divorcio o la muerte. Aprende el lenguaje de amor primario del niño y cuéntale a los adultos importantes en la vida de tu hijo cuál es ese lenguaje. De otro modo, los adultos que lo cuidan tenderán a hablar su propio lenguaje a la criatura. Sus esfuerzos de mostrarle su amor siempre pueden ayudarlo, pero pudieran ser mucho más efectivos si comprendieran el lenguaje de amor primario del niño.

En las primeras semanas que sigan al divorcio, cuando una criatura puede ser incapaz de recibir amor de ninguno de sus padres, otros adultos importantes pueden ser los únicos capaces de expresarle amor al niño. Si tu hijo recibe amor primordialmente mediante palabras de elogio y afirmación, puede recibirlas de sus abuelos y otros adultos, aunque temporalmente rechace las tuyas. Una criatura cuyo lenguaje sean los regalos puede llegar hasta tirarle el regalo en la cara del padre recién divorciado. No te encolerices por esto, sino comprende que el comportamiento es parte del proceso de aflicción de tu hijo. Una vez que el niño ha alcanzado la etapa de aceptación y comprende que no puede restaurar el matrimonio de sus padres, y que tendrá que vivir de ahí en adelante en un hogar de un solo padre, puede que quizás reciba amor de ambos padres en el nivel emocional.

Si los hijos reciben las cantidades de amor correctas en los momentos en que más las necesitan, pueden atravesar intactos los dolores de la separación familiar y avanzar hacia vidas adultas satisfactorias. Un ejemplo de esto es Bob Kobrebush, director ejecutivo del Campamento Cristiano Internacional. El padre de Bob era un próspero hombre de negocios y su madre, ama de casa. Siendo Bob pequeño, su padre canceló el negocio para ingresar en una secta, mudando varias veces a la familia de cinco varones. Después su padre se enfermó de poliomielitis y quedó completamente inválido, por lo que la familia regresó a su estado natal de Wisconsin para estar cerca de los parientes. Cuando Bob tenía nueve años, sus padres se divorciaron.

Alrededor de esa fecha Bob y sus hermanos recibieron la influencia cristiana y todos aceptaron a Cristo como su Salvador. Sin medios de mantenerse, su madre se vio obligada a depender de la ayuda del bienestar social hasta que pudo conseguir algo estable y luego terminó su preparación académica y se convirtió en maestra.

Hoy en día, Bob y sus hermanos están todos felizmente casados, bien educados y son productivos. Bob dice: "Mamá siempre era la mejor de las mejores en formas positivas. Jamás hablaba de cosas negativas. Parecía como si fuéramos una familia normal. Yo no sabía que no lo éramos. No sé cómo hubiéramos salido adelante sin una madre devota y unos parientes que nos sirvieron de modelo de la vida cristiana práctica. Le doy gracias a Dios por mis conocimientos y por mi madre."

Archibald Hart, profesor de psicología en un seminario de la costa oeste, le acredita al poder de la familia y a Dios el haber podido crecer vigoroso en un hogar de una madre sola. Originaria de Sudáfrica, la familia Hart se separó después de años de conflictos. La madre de Archibald pareció más feliz después del divorcio, pero las preocupaciones económicas la compulsaron a enviar a Archibald y a sus hermanos a vivir con sus abuelos. Ellos constituyeron una poderosa influencia cristiana, motivando a los niños diciéndoles: "No hay nada que no puedan hacer."

Hart le aconseja a los padres solos: "Nada es inmutable. Si ahora no tienes un grupo que te respalde, estructúralo, y te asombrarás cuando compruebes cuántos te responderán. Tus hijos pueden volverse más adaptables, productivos y originales si las circunstancias son favorables. Una vida demasiado fácil no es buena para el alma."[3]

Mantén tu esperanza y aférrate a tus sueños para tus hijos. A pesar de que las cosas puedan parecer duras ahora, siempre hay otro nuevo día, un nuevo año. Si tú y tus hijos están progresando, alejándose de la sensación de pérdida, si todos están creciendo en los muchos aspectos de la vida, puedes estar seguro de que el crecimiento continuará. Se ha convertido en un patrón, en un hábito que no se olvidará fácilmente.

PARA SATISFACER TU PROPIA NECESIDAD DE AMOR

Aunque hemos estado tratando en primer lugar del hijo cuyos padres se han divorciado, estamos muy conscientes de que el padre o madre solitario que trata de satisfacer las necesidades de su hijo, también es una criatura necesitada. En tanto que el hijo está abriéndose paso entre las emociones de culpa, miedo, cólera e inseguridad, uno o ambos padres también se están abriendo paso por similares emociones. La madre que ha sido abandonada por su esposo puede haber encontrado un nuevo amigo interesante; la madre que obligó a irse a un esposo que la maltrataba, ahora lucha contra sus propios sentimientos de rechazo y soledad. La necesidad de amor de un padre o madre solitario es tan real como la de cualquiera otra persona. Puesto que esa necesidad no puede ser satisfecha por el antiguo cónyuge o por el hijo, el padre solitario a menudo recurre a los amigos. Esta es una forma efectiva de comenzar a llenar tu tanque emocional.

Una palabra de advertencia mientras haces nuevos amigos: El padre o madre solitario en este trance es extremadamente vulnerable a los miembros del sexo opuesto que pueden aprovecharse de un momento de debilidad. Puesto que el padre solitario necesita amor tan desesperadamente, existe el grave peligro de aceptar ese amor de alguien que se aprovechará sexual, financiera o emocionalmente. Es en extremo importante que los padres que acaban de quedar solos sean muy selectivos al hacer nuevos amigos. La fuente de amor más segura está en los antiguos amigos que conocen a los parientes. Un padre solitario que trate de satisfacer la necesidad de amor de un modo irresponsable, puede terminar con una tragedia encima de otra.

Con tus hijos tienes una tremenda fuente de amor. Porque en el fondo ellos sí te aman. Y necesitan tu amor. Como dicen los psicólogos Sherill y Prudence Tippins: "El mejor regalo que puedas darle a tu hijo es tu propia salud emocional, física, espiritual e intelectual."[4] Por muy doloroso que pueda parecer el admitirlo, la verdad es que puede que sigas siendo un padre solitario durante muchos años. Durante ese tiempo, largo o corto, querrás darle a tus hijos el ejemplo de integridad y responsabilidad que puede ser un modelo para ellos en su viaje hacia la edad adulta responsable.

Notas

1. El Buró del Censo informa que el veintiocho por ciento de todos los bebés nacidos en 1994 fueron de madres solteras, constituyendo un resultado de un millón de bebés.

2. Judith Wallerstein y Sandre Blakelee, *Segundas oportunidades: Hombre, mujeres e hijos una década después del divorcio* (New York: Ticknor & Fields, 1990).

3. Lynda Hunter, "Wings to Soar." *La familia de un solo padre,* mayo 1996,7.

4. Sherill y Prudence Tippins, *Nosotros dos hacemos un mundo* (New York: Henry Holt, 1995),56.

LOS CINCO LENGUAJES DEL AMOR DE LOS NIÑOS

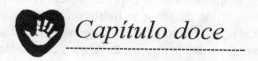

Capítulo doce

HABLANDO LOS LENGUAJES DE AMOR EN EL MATRIMONIO

Alguien ha dicho: "La mejor manera de amar a tus hijos, es amar a su madre [padre]." Eso es cierto. La calidad de tu matrimonio afecta en grado sumo la forma en que te relacionas con tus hijos... y en que ellos reciben amor. Si tu matrimonio es saludable -si ambos cónyuges se tratan con amabilidad, respeto e integridad- tú y tu pareja se sentirán y actuarán como socios en la paternidad. Pero si ustedes son mutuamente críticos, ásperos y desamorados, no es probable que estén de acuerdo sobre cómo criar a los hijos. Y los niños, siempre sensibles a los sentimientos, lo percibirán.

Es probable que ahora esto sea obvio: el elemento emocional más esencial en un matrimonio feliz y saludable, es el amor. Tal como tu hijo tiene un tanque emocional, tú también. Y asimismo tu cónyuge. Deseamos sentirnos profundamente amados por nuestras parejas, porque entonces el mundo es esplendoroso. Pero cuando el tanque emocional está vacío, nos come por dentro la idea de que: "Mi pareja no me ama en realidad", y todo nuestro mundo empieza a verse oscuro. Muchos se descarrían y se comportan mal en el matrimonio por causa de esos tanques de amor vacíos.

Para sentirte amado y fortalecer la sensación de tu hijo de ser amado, necesitas hablar también el lenguaje de amor primario de tu cónyuge. Terminamos *Los cinco lenguajes del amor de los niños* hablando acerca de los lenguajes de amor de los adultos. Como esposo o esposa, descubrirás que uno de los cinco lenguajes de amor te habla mucho más profundamente que los otros. Cuando tu cónyuge te expresa su amor en este lenguaje de amor primario, te sientes amado de veras. Te gustan los cinco lenguajes, pero éste es especial.

Tal como los niños difieren, también los adultos. Rara vez ambos cónyuges tienen el mismo lenguaje primario. No supongas que tu cónyuge habla tu lenguaje o uno que aprendiste de tus padres. Esos son dos errores comunes. Quizás tu padre dijo: "Hijo, siempre dale flores a una mujer." Y por eso tú le das flores a tu esposa y ella no les da importancia. El problema no está en tu sinceridad, sino en que no estás hablando su lenguaje primario. Te agradece las flores, pero uno de los otros lenguajes le hablaría más hondo.

Si los esposos no se hablan mutuamente sus lenguajes primarios no se llenarán sus tanques de amor; y cuando bajen del nivel del primer "enamoramiento", sus diferencias parecerán mayores y su frustración mutua aumentará. Puede que se acuerden de la tibieza de las emociones que sentían y busquen recuperar esa sensación de "enamoramiento" para volver a ser felices. Sin embargo, no sabrán cómo hacerlo con sus parejas, puesto que la vida en el hogar se ha vuelto aburrida y predecible, y muy lejos de ser satisfactoria.

¿"ENAMORADOS" O AMANTES?

Demasiadas personas llegan al matrimonio a consecuencia de un "enamoramiento", durante el cual consideran perfecto al objeto de su amor. Mientras están ciegos a cualquier imperfección, también están seguros de que su amor es único y de que son los primeros en amar tan profundamente a alguien. Por supuesto, a su tiempo abren los ojos y ponen los pies en la tierra donde ven a la otra persona como realmente es, con verrugas y todo. La gran mayoría de los "enamoramientos" terminan en desilusiones.

La mayoría de las personas se han enamorado quizás varias veces, y cuando recuerdan esas experiencias, dan gracias porque no hicieron alguna tontería cuando estaban en la cúspide de la ilusión. Pero demasiadas personas están actuando obsesionados por los recuerdos y haciéndole mucho daño a sus familias. Así es como empiezan las aventuras fuera del matrimonio, buscando un sentimiento evasivo que pueden haber sentido durante los años de noviazgo o en los primeros meses del matrimonio. Pero sentimientos más moderados no significan que el amor haya disminuido.

Hay una diferencia entre amar y "estar enamorado". El "enamoramiento" es temporal, una reacción emocional primitiva que con frecuencia tiene poca base lógica. El verdadero amor es muy diferente, pues coloca las necesidades de la otra persona en primer lugar, y desea que la pareja crezca y florezca. El amor verdadero permite que la pareja decida reciprocar el amor. En el matrimonio todos necesitamos una pareja que decida amarnos. Cuando eso sucede, podemos recibir el amor felizmente del otro y sentirnos emocionados cuando nuestra pareja disfruta de nuestros esfuerzos para amarle y hacerle feliz.

Esta clase de amor exige sacrificio y esfuerzo. La mayoría de las parejas alcanzan un punto donde pierden esa regocijante y estimulante sensación de "estar enamorados" y se preguntan si todavía aman a la persona con quien se casaron. Es en ese momento cuando necesitan decidir si van a hacer que sus matrimonios funcionen, a cuidar de su cónyuge sin tener en cuenta nada más, o si se limitarán a dejar que la relación se enfríe.

Puedes estarte preguntando: "Pero eso suena tan estéril. ¿El amor es una actitud con una conducta adecuada?" Tal como mencioné en el libro *Los cinco lenguajes del amor,* a algunos cónyuges realmente les gustan y desean los fuegos artificiales:

¿Dónde están las estrellas fugaces, los globos, las emociones profundas? ¿Qué ha sucedido con el espíritu de expectativa, el destello en los ojos, la electricidad en un beso, la excitación del sexo? ¿Dónde está la seguridad emocional de saber que soy lo primero en la mente de mi pareja?[1]

Por supuesto que eso no está mal. Tales sentimientos, en su momento, recompensan nuestro compromiso con la relación. Pero no debemos esperarlos. No obstante necesitamos que nuestra pareja llene nuestro tanque emocional. Y lo hará si nos "habla" en el lenguaje de amor que entendemos.

Eso era lo que Carla echaba de menos en su matrimonio, y le decía a su hermana un día: "Es que no siento que Ricardo me ame aún. Nuestra relación está vacía y me siento sola. Antes yo era lo primero en la vida de Ricardo, pero ahora estoy por el lugar veinte ...después del trabajo, el golf, el fútbol, los Exploradores, su familia, el automóvil y casi cualquier otra cosa. Pienso que se alegra pues siempre estoy presente, haciendo lo que me toca, pero él cree que eso es todo. Claro que me compra buenos regalos el Día de Las Madres, el de mi cumpleaños y en nuestro aniversario, y me manda flores en cada día señalado, pero los regalos parecen vacíos.

"Ricardo nunca tiene tiempo para mí. Jamás vamos juntos a algún lugar, nunca hacemos algo juntos como pareja, y a duras penas me habla. Me enojo de sólo pensar en eso. Antes le rogaba que pasara un rato conmigo, y me respondía que no lo criticara. Me decía que no le cayera encima y lo dejara tranquilo. Llegó a decirme que debía dar gracias porque él tenía un buen empleo, no usaba drogas y no me fastidiaba. Bueno, con todo respeto, eso no es suficiente. Quiero un esposo que me ame y se comporte como si yo tuviera la suficiente importancia para él, como para dedicarme algo de su precioso tiempo."

¿Se han percatado del lenguaje de amor que Carla entiende y que Ricardo no habla? Ricardo está hablando el lenguaje de los regalos; Carla está clamando porque le dedique tiempo. En los primeros años, ella recibía sus regalos como expresiones de amor; pero como él no hizo caso del lenguaje de amor primario de ella, ahora su tanque emocional está vacío y sus regalos ya no tienen importancia.

Si Carla y Ricardo pueden descubrir el lenguaje de amor primario del otro y aprenden a hablarlo, la tibieza del amor puede regresar a su matrimonio. No se trata de la euforia obsesiva e irracional del "enamoramiento", sino de algo mucho más importante: el profundo sentimiento interior de ser amado por el cónyuge. Ambos sabrán que son lo primero para el otro, que se respetan, se admiran y se aprecian mutuamente como personas, y desean estar juntos, viviendo en una íntima unión.

Esta es la clase de matrimonio con que la gente sueña, y puede ser una realidad cuando las parejas aprenden a hablar el lenguaje primario de amor del otro con regularidad. Y les hará padres más fuertes, que trabajan en equipo mientras que les dan a los hijos seguridad y una mayor sensación de ser amados. Veamos cómo esto puede desembocar en cada uno de los lenguajes de amor.

PALABRAS DE AFIRMACIÓN

Marcos dice: "Trabajo duro y he tenido bastante éxito en mi negocio. Soy un buen padre y, en mi opinión, un buen esposo. Todo lo que espero de mi esposa es que aprecie esto un poco, pero en vez de eso, lo que me gano son críticas. No importa cuánto me esfuerce o lo que haga, nunca es suficiente. Julieta siempre está encima de mí por algo. No lo entiendo. La mayoría de las mujeres se alegrarían de tener un esposo como yo. ¿Por qué me critica tanto?"

Todo lo frenéticamente que puede, Marcos está sacudiendo una pancarta que dice: "Mi lenguaje de amor primario es las palabras de reconocimiento. ¿Podría alguien, por favor, amarme?"

Pero Julieta no sabe nada de los cinco lenguajes de amor ni tampoco Marcos.[2] Ella no puede ver la pancarta de él y no tiene ni la más remota idea de por qué no se siente amado. Ella razona: "Soy una buena ama de casa. Cuido de los niños, trabajo todo el día y me mantengo atractiva. ¿A qué más puede él aspirar? La mayoría de los hombres se sentirían felices de regresar al hogar a disfrutar de una buena comida y una casa limpia."

Probablemente Julieta ni siquiera sepa que Marcos no se siente amado. Sólo sabe que periódicamente explota y le dice a ella que deje de criticarlo. Si se le preguntara a Marcos, probablemente admitiría que sí disfruta de las buenas comidas y sí agradece la casa limpia, pero que esto no satisface sus necesidades emocionales de amor. Su lenguaje de amor primario son las palabras de reconocimiento, y sin ellas, su tanque de amor jamás se llenará.

Para el cónyuge cuyo lenguaje de amor primario son las palabras de reconocimiento, las expresiones de agradecimiento de palabra o por escrito, son como la lluvia que cae en un jardín de primavera.

"Estoy tan orgullosa de ti y de la manera en que manejaste la situación con Roberto."

"Esta ha sido una comida deliciosa. Te mereces un puesto en el salón de la fama de los maestros cocineros geniales."

"El césped luce muy bien. Gracias por todo el trabajo que hiciste."

"¡Oye! ¡Esta noche luces sensacional!"

"No te he dicho esto en mucho tiempo, pero de veras te agradezco todo lo que trabajas y contribuyes al pago de las cuentas. Sé que a veces te es duro, y te agradezco por tu gran contribución."

"Te amo tanto. ¡Eres el marido/mujer más fenomenal del mundo!"

Los elogios pueden ser por escrito lo mismo que de palabra. Antes de casarnos, muchos de nosotros escribíamos cartas y poemas de amor. ¿Por qué no continuar o revivir esta expresión de amor después de casados? Si te es difícil escribir, compra una tarjeta y subraya las palabras que expresan tus sentimientos y quizás agrega una breve nota al final de la tarjeta.

Habla palabras de elogio en presencia de otros miembros de la familia y amigos, y eso será una ventaja extra. No sólo se sentirá amado tu cónyuge, sino que le estarán dando a otros un ejemplo de cómo decir palabras de afirmación. Deja que su mamá te oiga elogiar a tu esposa ¡y te habrás ganado una fanática de por vida!

Si esas palabras se dicen o escriben sinceramente, representarán volúmenes para una persona cuyo lenguaje de amor primario son las palabras de reafirmación.

TIEMPO QUE LE DEDICAS

Después de leer mi libro *Los cinco lenguajes del amor,* Jaime me escribió: "Por primera vez comprendí por qué Doris se ha estado quejando tanto porque no pasamos tiempo juntos: su lenguaje de amor primario es el tiempo que le dedicas.

"Antes yo siempre la estaba acusando de ser negativa, de no agradecer todo lo que había hecho por ella." Y agregó: "Soy una persona activa. Desde los primeros días de nuestro matrimonio, siempre he lavado los carros y mantenido inmaculados el césped y los alrededores de la casa. Además de que casi siempre soy quien aspira el polvo de las alfombras y todo lo demás. Nunca comprendí por qué Doris no parecía valorar todo esto, sino que siempre se quejaba de que no pasábamos tiempo juntos.

"Cuando se me iluminó la mente, comprendí que en realidad ella agradecía todo lo que yo hacía, pero que eso no la hacía sentirse amada porque el servicio no era su lenguaje de amor primario. Y por eso, lo primero que hice fue planear un fin de semana de viaje, sólo para nosotros dos. No habíamos hecho algo así durante años. Cuando ella se enteró de que yo estaba haciendo los arreglos, se quedó maravillada, como un chiquillo que sale de vacaciones."

Después de aquel fin de semana especial, Jaime revisó sus recursos económicos y decidió que salieran de fin de semana cada dos meses. Estas escapadas de fin de semana los llevaron a diferentes partes de su estado. Su carta continuaba:

"También le dije que deseaba que pasáramos quince minutos cada noche contándonos cómo habíamos pasado el día. Le pareció fenomenal, pero no se atrevía a creer que lo haríamos.

"Desde nuestro primer fin de semana de viaje, la actitud de Doris ha sido totalmente diferente. Es positiva y sonriente, y tiene de nuevo ese destello en los ojos. Me expresa su agradecimiento por todas las cosas que hago en la casa. Además, ya no me critica... sí, mi lenguaje de amor primario son las palabras de agradecimiento y afirmación. No nos habíamos sentido tan bien en años. Únicamente lamentamos no haber descubierto los cinco lenguajes de amor mucho antes en nuestro matrimonio."

La experiencia de Doris y Jaime es similar a la de miles de otras parejas cuando descubren el lenguaje de amor primario del otro. Como Jaime, tenemos que aprender el lenguaje de amor de nuestros cónyuges y aprender a hablar ese lenguaje con regularidad. Cuando haces esto, los otros lenguajes de amor cobrarán sentido, porque el tanque de amor de tu pareja se mantiene lleno.

LOS REGALOS

Todas las culturas humanas incorporan el dar obsequios como una expresión de amor entre marido y mujer. Usualmente eso se inicia antes de casarse, lo mismo durante la fase de salir juntos de la cultura occidental, que durante el período anterior al matrimonio prearreglado. En Occidente, el dar regalos se acostumbra más de parte de los hombres que de las mujeres, pero el recibir regalos puede también ser un lenguaje de amor primario de los hombres. Muchos maridos han admitido que cuando sus esposas llegan al hogar y les muestran las ropas que se han comprado para sí mismas, ellos se preguntan en silencio: "Me gustaría saber si alguna vez pensará en comprarme una corbata, o un par de medias. ¿Pensará alguna vez en mí cuando anda de compras?"

Para los cónyuges cuyo lenguaje de amor primario es el recibir regalos, éstos quieren decir: "Pensaba en mí." O: "Mira lo que me compró." La mayoría de los regalos requiere una buena cantidad de reflexión, y es esta reflexión la que comunica el amor. Incluso llegamos a decir: "Lo que importa es el propósito." No obstante, no es el pensamiento que queda en tu cabeza lo que importa, sino los regalos que en realidad se entregan.

Puedes no estar seguro de qué regalar. Si es así, busca ayuda. Cuando Antonio descubrió que el lenguaje de amor primario de su esposa eran los regalos, se encontró perdido, porque nunca había sabido comprar regalos. Así que reclutó a su hermana para irse de compras con él una vez por semana para comprarle un regalo a su esposa. Después de tres meses de esto, ya era capaz de escoger sus propios obsequios.

Al esposo de María, Guillermo, le gustaba mucho el golf, y María sabía que le gustaría recibir algo relacionado con su pasatiempo predilecto. Pero ...ella nunca había aprendido mucho de ese juego. Así que dos veces al año le pedía a uno de los compañeros de golf de Guillermo que le escogiera un regalo relacionado con el golf para que ella pudiera entregárselo a Guillermo. Este siempre quedaba maravillado de cómo ella era capaz de discernir lo que él deseaba.

Raúl vestía cuello y corbata cinco veces por semana. Una vez al mes su esposa, Debbie, iba a la tienda donde Raúl compraba sus trajes y le pedía al vendedor que le escogiera una corbata para él. El vendedor mantenía una lista de los trajes, por lo que las corbatas siempre hacían juego con ellos. Raúl le contaba a todo el mundo lo cuidadosa y acertada que era siempre Debbie.

Por supuesto, que para comprarle obsequios a un esposo, la esposa necesita tener efectivo a mano. Si no trabaja fuera del hogar, esto puede significar que al hacer el presupuesto doméstico debe solicitar una cantidad mensual de la cual ella pueda comprar obsequios. Si su lenguaje de amor primario son los regalos, su esposo se alegrará de hacer esos ajustes al presupuesto.

Siempre hay un modo de aprender a hablar el lenguaje primario del cónyuge. Puede requerir algo de originalidad, pero no hay ley que diga que uno tiene que hacer las cosas igual que los demás. Procura que tus regalos estén vinculados al hobby o algún interés especial que tu cónyuge ha empezado a explorar. O compra un regalo cuando ambos se hayan alejado juntos por un día o más. Puedes comprar un certificado de regalo para un restaurante que le guste a ambos, o entradas para una representación teatral o un concierto. O incluso un certificado escrito a mano por una cierta cantidad de trabajo que harías tú o un profesional en la casa o el patio. O un par de días de tranquilo descanso en un centro de retiro para una madre de niños pequeños. Tu regalo para tu cónyuge puede ser un nuevo sistema de sonido o el trabajo que sea preciso hacer para restaurar un viejo piano que él (o ella) tiene en gran estima.

SERVIRLOS HACIENDO COSAS POR ELLOS

Rogelio estaba lívido mientras hablaba con un consejero: "No lo entiendo. Maritza decía que deseaba ser una mamá a tiempo completo y yo estoy de acuerdo puesto que gano suficiente dinero para mantenernos. Pero si se va a quedar en casa, no entiendo por qué no puede mantener la casa decentemente presentable. Cuando llego a casa por la tarde, es como andar por un área de desastre. La cama no está tendida. Su camisón todavía está encima de una silla. La ropa limpia está apilada sobre la secadora, y los juguetes del bebé están regados por todas partes. Si se fue de compras, los víveres todavía están en los cartuchos. Y ella está mirando la televisión, sin pensar en lo que vamos a cenar.

"Estoy cansado de vivir en una pocilga. Todo lo que pido es que mantenga la casa aunque sea a medias presentable. No tiene que cocinar todas las noches; podemos cenar fuera un par de veces por semana."

El lenguaje de amor de Rogelio eran los actos de servicio y el indicador de su tanque de amor señalaba "vacío". No le importaba si Maritza se quedaba en casa o salía a trabajar, pero deseaba vivir en un mayor grado de orden de lo que vivía. Sentía que si ella sintiera algo por él, lo demostraría manteniendo la casa en mejores condiciones y preparando la comida varias veces a la semana.

Por naturaleza, Maritza no era organizada. Era original y disfrutaba haciendo cosas divertidas con los niños. Colocaba sus relaciones con los niños en un nivel de mayor prioridad que la limpieza de la casa. El hablar el lenguaje de amor primario de Rogelio -los actos de servicio- parecía casi imposible para ella.

Su caso puede ayudarte a entender por qué empleamos la metáfora del lenguaje. Si uno creció hablando inglés, puede parecer muy difícil aprender alemán o japonés. De igual modo, aprender a hablar el lenguaje de los actos de servicio puede ser difícil. Pero cuando uno llega a entender que el servicio es el lenguaje de amor primario de su pareja, es posible tomar la decisión de buscar la forma de "hablarlo" elocuentemente.

Para Maritza la respuesta fue elaborar un arreglo con una adolescente que vivía al lado para que viniera por las tardes a jugar con los niños, para que Maritza pudiera darle a la casa el tratamiento "Amemos a Rogelio". A cambio de cuidar los niños, ella le repasaba el álgebra a la chica varias veces a la semana. Además, Maritza comenzó a planear conscientemente tres cenas cada semana, preparándolas por la mañana y dejando sólo los detalles finales para la noche.

Otra esposa en una situación similar decidió, junto con una amiga, tomar un curso de preparación básica de comidas en un instituto técnico local. Cada cual cuidaba los niños de ambas mientras que la otra estaba en las clases y también disfrutaban del estímulo de conocer nuevas amistades en las clases.

Hacer algo que uno sabe que a la pareja le gustará, es uno de los lenguajes de amor fundamentales. Cosas como fregar los platos, pintar los dormitorios, cambiar de lugar los muebles, recortar los arbustos, reparar la plomería y limpiar los baños son todos modos de servir. Pueden ser cosas pequeñas, como aspirar las alfombras, lavar los autos, o cambiar los pañales del bebé. No es difícil encontrar lo que tu pareja desea más. Sólo piensa de qué se ha quejado más en el pasado. Si te es posible prestarle estos servicios como expresiones de amor, parecerán mucho más nobles que si las consideras quehaceres comunes que no tienen significado especial.

CONTACTO FÍSICO

No podemos igualar el contacto físico simplemente con la parte sexual del matrimonio. Seguro que el hacer el amor implica tocarse, pero el contacto físico es una expresión de amor que no debe limitarse a la relación sexual. El poner tu mano sobre el hombro de tu cónyuge, el pasarle la mano por el cabello, el masajearle el cuello o la espalda, acariciarle el brazo cuando le das una taza de café: todas estas son expresiones de amor. Por supuesto, el amor también se expresa cogiéndose de las manos, besándose, abrazándose, con los juegos previos a la relación sexual y con ésta misma. Para el cónyuge cuyo lenguaje de amor primario es el contacto físico, estos son las voces que le gritan amor.

"Cuando mi esposo se toma el tiempo de darme masaje en la espalda, sé que me quiere. Se está concentrando en mí. Cada movimiento de sus manos me dice: 'Te amo'. Me siento más cerca de él cuando me toca." Rosa está revelando con claridad que su lenguaje primario de amor es el contacto físico. Puede agradecerle los regalos, las palabras de elogio, el tiempo que le dedica y los servicios que le presta, pero lo que más hondamente le comunica con él a un nivel emocional, es el contacto físico de su esposo. Sin eso, las palabras pueden parecer vacías, los regalos y el tiempo no tienen significado, y los servicios que le presta son como un deber. Pero si está recibiendo contacto físico, su tanque emocional estará lleno y el amor expresado en otro lenguaje hará que se desborde.

Puesto que el impulso sexual de un hombre se basa en lo físico, aunque el deseo sexual de una mujer se basa en la emoción, los esposos a menudo suponen que su propio lenguaje de amor primario es el contacto físico. Esto es muy cierto para aquellas cuyas necesidades sexuales no se satisfacen con regularidad. Como sus deseos de alivio sexual se sobreponen a sus necesidades de amor emocional, piensan que esta es su necesidad más profunda. Sin embargo, si sus necesidades sexuales se satisfacen, pueden muy bien percatarse de que su lenguaje de amor primario no es el contacto físico. Una forma de determinarlo es ver cuánto disfrutan del contacto físico que no está asociado con la relación sexual. Si no ocupa uno de los primeros lugares en su lista, es probable que su lenguaje de amor primario no sea el contacto físico.

DESCUBRE Y HABLA EL LENGUAJE DE AMOR DE TU CÓNYUGE

Puede que te estés preguntando: "¿De veras dará resultado esto? ¿Significará una diferencia en nuestro matrimonio?" La mejor forma de averiguarlo es intentándolo. Si no sabes cuál es el lenguaje de amor primario de tu pareja, puedes pedirle que lea este capítulo y comentarlo después. Si tu cónyuge no desea leerlo o hablar del asunto, puedes tratar de adivinarlo. Recapacita en sus motivos de queja, sus pedidos y su conducta. Además, el lenguaje de amor que te dirige a ti y a otros puede darte una pista.

Con esa supuesta pista en mente, concéntrate en "hablar" el que parezca ser su lenguaje y observa lo que sucede en las siguientes semanas. Si tu idea era acertada, es probable que veas un cambio en la actitud y el humor de tu pareja. Si te pregunta por qué estás actuando de forma tan peculiar, puedes decirle que leíste algo acerca de lenguajes de amor y estás tratando de ser un mejor amante. Es muy posible que tu pareja desee saber más y que quieran leer juntos *Los cinco lenguajes de amor,* así como este libro.

Hablen el lenguaje de amor primario de cada uno con regularidad y verán una profunda diferencia en el clima emocional entre ambos. Con los tanques emocionales llenos serán más capaces de llenar los de sus hijos. Creemos que tu matrimonio y tu vida familiar te serán mucho más agradables.

Habla el lenguaje de amor primario de tu pareja; habla el lenguaje de tus hijos. Y cuando compruebes la diferencia, cuéntale del mensaje de este libro a tus parientes y amigos. Familia por familia podremos crear una sociedad más amorosa. Lo que hagas al amar a tu familia dará lugar a una diferencia en tu nación.

Notas

1. Gary Chapman, *Los cinco lenguajes del amor* (Editorial Unilit, Miami, Fl.)

2. Si después de leer este capítulo crees que necesitas aprender más para discernir el lenguaje de amor primario de tu cónyuge y para practicarlo, lee *Los cinco lenguajes del amor.* Está escrito específicamente para las parejas casadas y comprometidas.

LOS CINCO LENGUAJES DEL AMOR DE LOS NIÑOS

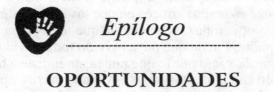 *Epílogo*

OPORTUNIDADES

C uando aprendas a reconocer y comiences a hablar el lenguaje de amor primario de tu hijo, sabemos que el resultado será una relación familiar más sólida y beneficiosa para ti y tus hijos. Como dijimos en el Capítulo 1, el hablar el lenguaje de amor de tu hijo no acabará con todos los problemas, pero puede traer estabilidad para tu hogar y esperanza para tu hijo. Es una oportunidad maravillosa.

Pero puedes tener dudas y otras preocupaciones en tanto comienzas a "hablar" ese nuevo lenguaje de amor; preocupaciones acerca de tu pasado, o tus capacidades presentes. Esas preocupaciones también representan oportunidades. Aquí examinaremos esas oportunidades especiales que tienes, sin importar tu situación pasada o presente.

Parecería que el lector ideal para este libro es la pareja que acaba de iniciar una familia, o que tiene hijos muy pequeños. Sin embargo, sabemos que algunos de nuestros lectores tienen hijos mayores en el hogar o incluso hijos adultos. Puedes estar pensando: *¡Si hubiese leído este libro antes...! Ahora es algo tarde.* Muchos padres piensan en la forma en que criaron a su familia y se dan cuenta de que no hicieron muy buen trabajo para satisfacer las necesidades emocionales de sus hijos. Y ahora, esos hijos pueden estar crecidos y tener sus propias familias.

Si estás entre esos padres que sienten pesar y remordimiento, probablemente recapacitas y te preguntas por qué las cosas salieron mal. Quizás tu trabajo te alejó demasiado del hogar durante esos años críticos en que tus hijos crecían. O tal vez fue tu propia niñez turbulenta la que te dejó tan incapaz de ser un padre. Puede que hayas vivido toda tu vida con un tanque de amor vacío por lo que nunca aprendiste a hablar el lenguaje de amor de tus hijos. Aunque hayas aprendido mucho desde entonces, puedes haber llegado a la conclusión de que: "Lo que pasó, pasó, y ya nada puede hacerse para remediarlo." Nos gustaría sugerir otra posibilidad: "Lo que pudiera ser, todavía está por delante." Lo maravilloso acerca de las relaciones humanas es que no son estáticas. Siempre existe la posibilidad de mejorarlas.

Quizás el desarrollar una más íntima relación con tu hijo adolescente o adulto requiera echar abajo muros y construir puentes; un trabajo muy duro; pero recompensador. Tal vez es el momento de admitirle a tus hijos lo que ya te has admitido a ti mismo: que no fuiste capaz de comunicarles tu amor al nivel emocional. Si todavía viven contigo o cerca de ti, puedes hacerlo cara a cara, mirándole a los ojos y pidiéndoles perdón. O quizás necesites escribirle una carta diciéndoselo, disculpándote sinceramente y expresándole la esperanza de que en el futuro tengan una relación más positiva. No puedes deshacer el pasado, pero puedes forjar un futuro diferente.

Quizás fuiste no sólo un mal comunicador, sino que en realidad maltrataste a tus hijos, emocional, física o incluso sexualmente. Tal vez te dominaba el alcohol u otras drogas, o puede ser que tu propio dolor e inmadurez los convirtieran a todos en víctimas de tu cólera. Cualquiera que haya sido la causa de tu fracaso, nunca es demasiado tarde para derribar los muros. Jamás podrás construir puentes hasta que te deshagas de los muros. (Si todavía estás maltratando a tus hijos es posible que necesites un consejero profesional para ayudarte a romper ese patrón destructivo.)

Lo más positivo que puede hacerse con un fracaso del pasado es confesarlo y pedir perdón. No puedes borrar las obras como no puedes borrar sus consecuencias, pero puedes experimentar limpieza emocional y espiritual mediante la confesión y la posibilidad del perdón. Tanto si tu hijo expresa verbalmente su perdón o no, el hecho de que hayas sido lo suficientemente maduro como para admitir tu fracaso les hará respetarte un poquito más. A su tiempo, puede que se abran a tus esfuerzos de construir puentes. Y ¿quién sabe? puede llegar el día en que te permitan el privilegio de una relación más íntima con ellos... y sus hijos.

Aunque no hayas sido el padre que hubieras deseado ser, puedes empezar ahora a amar a tus hijos del modo en que ellos se sientan verdaderamente valorados. Y cuando tengan hijos, sabrás que estás influyendo en otra generación de tu familia; esos pequeñines que ahora tendrán una mejor oportunidad de recibir el amor incondicional toda su vida.

Con tanques de amor llenos, tus nietos serán más receptivos y activos intelectual, social, espiritual y relacionalmente de lo que hubiesen sido sin esto. Su espíritu se sentirá más seguro y serán más capaces de alcanzar sus posibilidades de bien en el mundo.

Yo (Gary) sueño con el día en que todos los niños puedan crecer en hogares llenos de amor y seguridad, donde sus energías en desarrollo se canalicen hacia el aprendizaje y el servicio en vez de anhelar y buscar el amor que no recibieron en el hogar. Es mi deseo que este libro ayude a que este sueño se convierta en realidad para muchos niños.

Gary ha mencionado las oportunidades de limpieza emocional y espiritual mediante el perdón. Yo (Ross) te animo a recordar la dimensión espiritual de la paternidad. La mayor fuente de aliento que he encontrado en mi propia paternidad son las promesas de Dios. Mi esposa, Pat, y yo hemos tenido muchas dificultades construyendo puentes, incluido el nacimiento de una hija con un profundo retraso mental, y puedo asegurarte que Dios siempre está cerca, listo para ayudar y cumplir cada una de sus maravillosas promesas. Mis promesas favoritas para los padres están en el Salmo 37:25-26.

> *Yo fui joven, y ya soy viejo,*
> *y no he visto al justo desamparado,*
> *ni a su descendencia mendigando pan.*
> *Todo el día es compasivo y presta,*
> *y su descendencia es para bendición.*
> (Biblia de Las Américas)

En la versión de La Biblia Al Día la última línea dice: "y sus hijos son una bendición". Me he afirmado en esos dos versículos de las Escrituras durante muchos años y he sometido a prueba esas promesas innumerables veces. Jamás he visto al justo desamparado. Y he visto a los hijos del justo bendecidos y convertirse en una bendición.

En tanto he visto a mis hijos crecer y madurar en todos los aspectos, me ha alentado que no sólo Dios está cumpliendo Sus promesas y bendiciendo a mis hijos, sino porque yo soy de veras hijo Suyo también. Pat y yo hemos pasado muchas pruebas, en las cuales nos ha sido difícil discernir el camino, pero Dios siempre vino en nuestro auxilio y nos sacó de ellas.

Deseo animarte en tu paternidad. No importa cuál es tu situación ahora o cuál será en el futuro, Dios jamás te desamparará. Siempre estará allí para ayudarte y lograr que llegues hasta el fin. En tanto crías a tus hijos, hay oportunidades de desarrollar los aspectos espirituales de sus vidas... y de la tuya propia.

El profeta Isaías del Antiguo Testamento, declarando la Palabra de Dios, escribió:

> *No temas, porque yo estoy contigo; no desmayes, porque*
> *yo soy tu Dios que te esfuerzo; siempre te ayudaré, siempre*
> *te sustentaré con la diestra de Mi justicia.*[1]

Semejante versículo puede llevarte a través de períodos muy duros en la vida y en la paternidad; este versículo de veras nos ha sostenido a Pat y a mí. Sé que sin las seguridades y promesas de Dios, nuestra vida hubiese sido muy diferente de lo que ha sido.

El salmista llama a los hijos "un regalo de Dios", una "recompensa", una "defensa".[2] Los hijos son el regalo más maravilloso que podemos tener. Si significan tanto para Dios, deberían significarlo todo para nosotros, sus padres. Me gustaría sugerir que hicieras una lista de "requisitos" para ser un buen padre. No permitas que la palabra *requisito* te presione o haga sentir culpable como padre cuidadoso. Estos "requisitos" deben ayudarte a sentirte bien con respecto a tu autoridad y tu función como padre. Relájate y disfruta de tus hijos.

Cuando yo era un papá inexperto, me preocupaba; estaba inseguro de mi paternidad. Pero después descubrí que una vez que el padre comprende lo que un hijo necesita, no es tan difícil satisfacer esos "requisitos". La buena noticia es que casi cualquier padre cuidadoso es capaz de hacer esto.

Te exhorto a hacer tu propia lista de requisitos. Comienza por unos pocos renglones y ve añadiendo a la lista según te parezca. Cuando veas que estás llenando esos requisitos, puedes estar seguro de que tu hijo está recibiendo un buen cuidado paternal, y puedes relajarte y disfrutar de tu hijo. Sería difícil de describirte cuánto me ha ayudado esta seguridad. De hecho, pronto descubrí que era mejor padre de lo que nunca hubiese pensado ser.

La mayor parte de los "requisitos" para una buena paternidad están en este libro. Si deseas hacer una lista, puedo sugerirte cómo empezar, pero la lista no estará completa ni será tuya hasta que tú la enmarques en tus propios pensamientos y palabras. He aquí mi lista personal, mis propios "Requisitos para ser un buen padre":

1. Mantener lleno el tanque emocional del niño; habla los cinco lenguajes de amor.

2. Emplear los modos más positivos que sean posibles para controlar el comportamiento de mi hijo: peticiones, manipulación física suave, órdenes, castigos y modificación de conducta.

3. Disciplinar a mi hijo con amor. Preguntarme: "¿Qué necesita este niño?" y después proceder lógicamente.

4. Hacer el mayor esfuerzo para dominar mi cólera como es debido y no descargarla sobre mi hijo. Ser agradable pero firme.

5. Hacer mi mayor esfuerzo para enseñar a mi hijo a manejar su ira con madurez; la meta es llegar a eso a los dieciséis años y medio.

Espero que hagas pronto tu propia lista de requisitos. En cuanto comprendas que eres capaz de hacer lo que has escrito en tu lista, podrás relajarte y disfrutar de tus hijos. Y ellos se volverán cada día más seguros en todos los aspectos.

Notas

1. Isaías 41:10, Reina-Valera, versión 1960.
2. Salmo 127:3; ver Biblia de las Américas y La Biblia al Día.

BIBLIOGRAFÍA

Les Carter y Frank Minirth. *El cuaderno de trabajo de la ira,* Nashville, Tenn.: Thomas Nelson, 1993.

Gary Chapman. *Los cinco lenguajes del amor.* Chicago: Northfield, 1995.

Ross Campbell. *Cómo amar de veras a tu niño.* Colorado Springs: Victor, 1992.

_____. *Cómo amar de veras a tu adolescente.* Colorado Springs: Victor, 1993.

_____ . *Chicos en peligro: Enseñando a tu hijo a domar la fuerza destructiva de la ira.* Colorado Springs: Victor, 1995.

Kevin Leman. *Formando la mente de tus hijos sin perder la tuya.* Old Tappan, N.J.: Revell, 1984.

Tim Smith. *El Padre Relajado.* Chicago: Northfield, 1996.

Carole Sanderson Streeter. *Encontrando tu lugar después del divorcio.* Wheaton, Ill,: Harold Shaw, 1992.

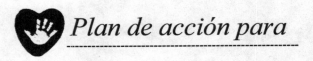 *Plan de acción para*

LOS CINCO LENGUAJES DEL AMOR DE LOS NIÑOS
por James S. Bell, Jr.

Este plan de acción contiene proyectos y ejercicios para ayudarte a hablar cada uno de los cinco lenguajes de amor con tus hijos. También incluye preguntas de estudio para ayudarte a revisar y aplicar conceptos claves del libro. Recomendamos este plan para uso personal, y el ideal es emplearlo también con tu cónyuge. El plan de acción también es apropiado para comentarlo en un grupo o en pequeñas clases, y hemos incluido una sección titulada "Para debatir en grupo" para impulsar esos diálogos con otros padres. Tal como toma tiempo reconocer y hablar el lenguaje de amor primario de tu hijo, igual requerirán tiempo algunas de estas actividades. Pero merece la pena el esfuerzo, puesto que buscamos demostrar nuestro amor a nuestros hijos y guiarlos hacia una edad adulta responsable.

Capítulo uno

EL AMOR ES EL CIMIENTO

1. Rememora un número de ocasiones en que tú o sentiste amor o expresaste amor a tu hijo. ¿Estaban la mayoría de estos casos relacionados con su valor como persona o con algún logro o cualidad positiva? En otras palabras ¿tiendes a amar condicional o incondicionalmente?

2. ¿En situaciones recientes le has negado tu amor a tu hijo? ¿Se trató a menudo de que no fue capaz de cumplir con lo que esperabas de él? Si es así, procura planear un modo para combinar el amor incondicional con la disciplina apropiada.

3. En una escala de cero a diez, ¿cuál es el nivel promedio del tanque emocional de tu hijo? Piensa en lo que tú puedes haber sido capaz de darle a tu hijo en varios modos para aumentar ese nivel. Emplea la semana que viene en concentrarte cada día en tres modos en que puedes aumentar ese nivel en su tanque.

4. Rememora tus propios recuerdos agradables como niño. ¿Cómo tus padres llenaban de amor tu tanque emocional para contribuir a tu dignidad y amor propio? ¿Cuáles recuerdos agradables tienen tus propios hijos y cómo están vinculados al amor incondicional?

5. Examina otra vez los siete puntos sobre el comportamiento de los niños. ¿Cuál punto puede ser una nueva revelación para ti? ¿Cuál es el más difícil de aceptar? ¿Cuál es el que más necesitas digerir y poner en práctica?

PARA DEBATIR EN GRUPO

El amor condicional hacia tu hijo puede conducir a su inseguridad, ansiedad, pobre opinión de sí mismo y cólera. ¿Hasta qué grado tu hijo muestra estas características? Permite que el grupo cuente las veces en que su amor ha sido condicional. Después, los miembros del grupo deben ofrecer sugerencias acerca de cómo amar incondicionalmente a nuestros hijos.

Capítulo dos

EL LENGUAJE DE AMOR # 1:
EL CONTACTO FÍSICO

1. ¿Cuál es la tradición de tu familia con respecto al contacto físico? ¿Te abrazaban y besaban tus padres o te daban otras muestras físicas de afecto? ¿Qué efecto ha tenido esto en ti como adulto maduro hoy en día?

2. Basado en las revelaciones de este capítulo, ¿le proporcionas suficiente contacto físico a tus hijos en las circunstancias adecuadas? ¿Por qué o por qué no?

3. ¿Cuáles son algunas de las señales desacostumbradas de desear el contacto físico? ¿De qué forma el contacto físico poco convencional, como el luchar, puede satisfacer las necesidades emocionales? ¿Dónde están los límites en que el contacto físico puede ser dañino o excesivo para cada niño?

4. Comenta maneras de participar en las formas de contacto físico "ligero", aparte de los normales abrazos y besos que necesitan tus hijos. Identifica oportunidades para poner en práctica estas otras formas de contacto.

5. Durante la semana que viene aumenta tu contacto físico con tus hijos, pero hazlo adecuado a la edad, del

modo en que le venga bien a la personalidad única de cada niño. Determina los efectos de esto y sus reacciones.

PARA DEBATIR EN GRUPO

Reflexiona en si el contacto físico pudiera ser el lenguaje de amor primario de alguno de tus hijos. Si es así, explica por qué has llegado a esa conclusión. Además, permite que los miembros del grupo cuenten sus propias experiencias de la niñez con respecto al contacto físico, positivo o negativo. ¿Qué puedes aprender de estas experiencias?

Capítulo tres

EL LENGUAJE DE AMOR # 2:
LAS FRASES DE
AFIRMACIÓN

1. ¿Cómo ciertas afirmaciones de tu niñez se convirtieron en profecías cumplidas? Analiza qué impacto tuvieron en ti como adulto tanto las palabras positivas como negativas, sin tomar en cuenta si al principio eran ciertas.

2. Ahora haz lo mismo con cada uno de tus hijos. Escoge una afirmación positiva y una negativa que ha afectado su conducta para bien o para mal. Después lleva aparte a tu hijo y reafirma lo positivo en tanto refutas lo negativo.

3. Con frecuencia tenemos sentimientos amorosos hacia nuestros niños y pensamos que ellos entienden nuestro amor. Sin embargo, puesto que ellos piensan de forma concreta, pueden no percatarse de nuestro amor. Durante la próxima semana, cada vez que sientas ese amor, exprésalo todo lo más explícitamente que puedas a tus hijos. Al terminar la semana, pregúntales si entienden mejor tu amor por ellos.

4. Siempre viene bien una expresión verbal del amor en la rutina de la vida diaria, pero necesita ser complementada con palabras especiales. Toma aparte a cada uno de tus hijos hacia un lugar predilecto del niño y, en el momento preciso, dile a tu hijo todas las razones por las que lo amas. Trata de que tus declaraciones se basen en quién es el niño no en su comportamiento.

5. Las palabras de aliento pueden ser expresiones de amor importantes. Mientras tú mismo te sientes alentado de varias maneras, mantén un diario o registro e imagina formas de traducir este ánimo a tus hijos de acuerdo a su edad y condiciones. Primero pregúntales en qué aspectos de su vida necesitan ayuda o tienen deficiencias (no supongas que lo sabes).

6. ¿Cuándo tu cólera socavó muchas de tus palabras positivas? Discúlpate por cualquier caso específico en que la ira, aunque justificada, lastimó tu relación con tu hijo.

PARA DEBATIR EN GRUPO

Nuestro mayor enemigo en cuanto a afirmaciones verbales es la cólera. Debatan formas constructivas de administrar disciplina y corrección sin los efectos negativos de la ira destructiva. Permite que el grupo intercambie otros éxitos y fracasos al manejar su propia cólera. ¿Qué puedes aprender de estas experiencias pasadas?

Capítulo cuatro

EL LENGUAJE DE AMOR # 3:
TIEMPO DE CALIDAD

1. Durante la semana pasada, ¿cuánto tiempo especial le has dedicado a tu hijo, es decir, tiempo pasado con él además del imprescindible para satisfacer sus necesidades? ¿Qué tipo de actividad desean cada uno de tus hijos durante el tiempo que les dedicas? ¿Pregúntale a cada uno de ellos qué disfruta más contigo y por qué tiene ese sentido especial?

2. Comprométete a pasar al menos una hora por semana a solas con cada uno de tus hijos durante los próximos doce meses. Esto puede parecer como un compromiso excesivo, pero ¿tu hijo merece menos? Trata de separar el mismo tiempo cada semana en tu plan semanal, pero si no puedes, separa algún tiempo cada fin de semana para esa entrevista.

3. Para cada uno de tus hijos, haz una lista de los tópicos que consideres más importantes e interesantes según su edad, para debatirlos durante el tiempo de esas entrevistas. Escribe encabezamientos con las siguientes categorías: valores, habilidades, entretenimiento,

planes para el futuro, su mundo interior, y por último, tu propio mundo interior.

4. La "tiranía de lo urgente" es un problema serio en nuestros planes agitados. Revisa tu programa durante el último mes. ¿Cuántos planes programados cancelaste o recortaste por prioridades menores? ¿Cuánto de este tiempo perdido o de poca importancia en ese mismo período pudiste haber pasado con tus hijos?

5. ¿Cómo podrías hacerte cargo de compartir responsabilidades o tareas diarias o semanales de tus hijos y convertirlas en experiencias compartidas para aprender? ¿Pudieras ayudarlos a realizar mejor su tarea mientras quizás conversan acerca de otras cosas interesantes o divertidas?

PARA DEBATIR EN GRUPO

Mucha de la mejor parte de la crianza que le damos a nuestros hijos tiene lugar durante las entrevistas del tiempo que les dedicamos. Cuenta algunos de los mejores recuerdos de intimidad, enseñanza y puro disfrute durante esos momentos. Ten en cuenta tu futuro porque tus hijos están contigo sólo un corto tiempo. Haz planes para por lo menos un acontecimiento muy especial el año que viene.

Deja que el grupo cuente algunas de sus experiencias pasadas durante el tiempo que le dedican a sus hijos. También, pueden contar recuerdos del tiempo que pasaron con sus propios padres. ¿Qué puedes aprender de esas experiencias?

Capítulo cinco

EL LENGUAJE DE AMOR # 4:
LOS REGALOS

1. A todos nos gustan los regalos por distintas razones: su utilidad, el significado que tienen de que estén pensando en uno, o incluso el costo. ¿Qué regalos han resistido el paso del tiempo en tu vida y por cuáles razones? ¿Qué te dice eso acerca de ti?

2. ¿Cómo ha afectado el papel que han desempeñado los regalos en tu propia vida, la forma en que le regalas a tus hijos? ¿Su opinión acerca del propósito de los regalos concuerda con la tuya o difiere? Conversa con cada uno de tus hijos acerca del regalar y recibir regalos, y trata de llegar a un entendimiento con respecto a sus beneficios o perjuicios.

3. Rememora con cuidado las veces en que puedes haber hecho regalos por motivos mixtos o por una apreciación equivocada. ¿Ha habido alguna vez una insinuación de pago, soborno o incluso de materialismo o vanidad personal? Haz el propósito de que en el futuro regalarás por amor y sin otro motivo.

4. Examina los juguetes que has comprado para tus niños u objetos para recreación y entretenimiento para tus

adolescentes. Determina cuál de ellos cae dentro de las siguientes categorías:

* Juguetes con un propósito saludable, contrario a la presión cultural o a la opinión del grupo.

* Juguetes de uso efímero, pues sólo sirven mientras dura la moda o el embullo.

* Juguetes en que tú como padre participaste, ya sea creándolo o usándolo.

5. Dentro del próximo mes, hazle a cada uno de tus hijos un regalo que no esté relacionado con una ocasión especial. Después determina si los regalos son el lenguaje de amor primario del niño, observando las siguientes reacciones: (1) le da especial atención a la envoltura del regalo, (2) le da especial atención a las frases o circunstancias relacionadas con el regalo, (3) coloca el regalo en un lugar especial o lo trata con cuidado especial, (4) comenta contigo o con su pareja acerca de la gran importancia que tiene ese regalo.

PARA DEBATIR EN GRUPO

Conversa sobre las formas en que podemos enseñarle a nuestros hijos para que vean todo en la vida como un regalo.

Ya que se nos ha dado mucho, trata de cómo podemos regalarle a nuestros hijos de modo que podamos hacerle comprender que hay que regalarle a otros sin esperar algo a cambio. ¿Cuáles son los mayores regalos, aparte de la vida misma, que podemos enseñarle a nuestros hijos que son gratis y sin embargo, sumamente valiosos?

Capítulo seis

EL LENGUAJE DE AMOR # 5: PRESTARLES UN SERVICIO

1. Los servicios pueden prestarse mejor cuando el padre tiene una vida física y emocionalmente balanceada. Identifica tres aspectos que pueden necesitar atención para equilibrar tu propia vida. ¿Cuáles pasos puedes dar para enfrentar esos aspectos?

2. ¿Los servicios que le prestas a cada niño son apropiados a su edad? Haz un inventario de todo lo que haces por tu hijo. ¿Aprendería más o sería más responsable si la tarea la hiciera el niño? Dependiendo de su edad, planifica un tiempo para enseñarles cómo llevar a cabo las tareas adecuadamente. Considera esto, en sí mismo, como prestarles un servicio de amor.

3. Todos llevamos a cabo tareas para otros con pocas ganas. Dibuja un diagrama con una columna en la extrema izquierda que diga "cobro inmediato" y otra columna en la extrema derecha que diga "sin esperar recompensa". Coloca (en una escala de uno al diez) en qué parte caen los servicios que prestas. ¿Cuáles

son las razones para esos servicios que caen más cerca de la izquierda? ¿Y a la derecha?

4. Junto con cada hijo, planea un proyecto para ayudar de forma tangible a alguien de tu comunidad (sin contar a los miembros de la familia) que sea menos afortunado que ustedes. Asegúrate de que tu hijo desempeña un papel, y después, analiza con qué disfrutaron y se beneficiaron más.

5. Examina los aspectos de conflicto cuando le pidas a tus hijos que presten algún servicio. ¿Estás en el estado avanzado en que sólo hace falta pedírselo? ¿Por qué o por qué no? ¿Qué revela esto acerca tanto de la actitud de ellos como de la tuya hacia el trabajo y el servicio?

PARA DEBATIR EN GRUPO

Como padres, todos prestamos muchos servicios. ¿Cómo podemos responder mejor a las necesidades de nuestros hijos y combinar nuestros actos con palabras amorosas y enseñanzas implícitas? Deja que el grupo exponga sus ideas acerca de cómo ellos han usado los servicios que les prestan para expresarles amor a sus hijos.

¿Qué puedes aprender de lo que otros de tu grupo están haciendo?

Capítulo siete

CÓMO DETERMINAR EL LENGUAJE DE AMOR PRIMARIO DE TU HIJO

1. Concéntrate en recordar las expresiones de amor de tus hijos hacia ti. Trata de hacer una lista de por lo menos tres ocasiones importantes en los últimos tiempos. ¿Cuáles lenguajes de amor estaban representados?

2. Observa cómo tus hijos expresan su amor a sus hermanos, amigos, maestros, abuelos, etc. ¿En qué se parecen o se diferencias esas muestras de amor de las que tienen hacia ti? Si hay diferencias, ¿cuál es la razón principal?

3. Nuestros hijos nos piden muchas cosas. Pasa revista primero a los cinco lenguajes de amor, y trata de hacer una lista de todas las peticiones posibles clasificándolas por lenguajes de amor específicos. ¿Dónde se acumulan las peticiones? ¿Cómo puedes tú, como padre, satisfacer mejor ese clamor de su corazón?

4. Observa el patrón de quejas o expresiones de infelicidad en la situación de la vida de cada niño. ¿Qué se trasluce que más les falta? ¿Qué es lo que más desea

el niño? Examina las razones por las que tú puedes haber pasado por alto la extensión de las necesidades en este aspecto. ¿Cómo puedes "llenar el tanque" más eficientemente en los aspectos más cruciales?

5. Durante los próximos meses, permite que tu hijo escoja una alternativa de "esto o eso" entre pares de cinco lenguajes de amor. Lleva un registro de sus respuestas. Trata de comprender las razones por las que se decidió por algo, y después determina cuál lenguaje de amor se escogió más a menudo. Probablemente este sea el lenguaje de amor primario de tu hijo.

PARA DEBATIR EN GRUPO

Concéntrate en la influencia que ciertos factores clave pueden tener para encontrar el lenguaje de amor primario de tu hijo. Estos pueden incluir el género, edad, temperamento, crianza, madurez espiritual e intelectual, etc. ¿Cuál es, en tu opinión, el valor de comprender los lenguajes de amor primario y secundario de tu hijo? Deja que el grupo cuente distintas reacciones.

Capítulo ocho

LA DISCIPLINA Y LOS LENGUAJES DE AMOR

1. Con frecuencia la disciplina se considera sólo como castigo, pero hay muchos modos positivos de disciplinar a tu hijo. Muestra ejemplos en el pasado reciente cuando hayas empleado las formas de entrenamiento siguientes y resuelto usarlas más a menudo: servir de ejemplo, instruir de palabra, solicitudes, enseñanza y experiencia de aprendizaje.

2. Recuerda recientes malas conductas de tu hijo. ¿Fueron, al menos en parte, resultado de un tanque de amor vacío, en vez de una rebeldía premeditada? ¿En qué aspectos puede estar comunicando tu hijo una necesidad de amor, y cómo puedes llenar mejor ese vacío en el futuro?

3. De las cinco maneras de conformar la conducta de tu hijo, las más efectivas son las peticiones. Enumera los beneficios tanto para ti como para él. Ahora observa las órdenes, la manipulación física, los castigos y la modificación de la conducta. Aunque sea necesaria, ¿cuáles son las inconveniencias para cada niño? Mencione específicamente las ocasiones en que probablemente hubiera sido mejor otra estrategia.

4. Imagina una situación futura en que tu hijo pudiera portarse mal, y descríbela. Imagina el diálogo, el contacto, etc., que pudiera proporcionar la disciplina adecuada a su lenguaje de amor primario. ¿En qué difiere esta escena de tu estrategia habitual? ¿Cómo pudiera reaccionar diferente tu hijo cuando el lenguaje de amor primario aparece en la escena?

5. Ahora escribe una escena imaginaria en la cual tú pudieras emplear una forma de disciplina que entraría en conflicto con el lenguaje de amor primario de tu hijo (por ejemplo, empleando el aislamiento cuando el lenguaje de amor del hijo es el tiempo dedicado). ¿Cómo podría reaccionar tu hijo y cómo pudiera socavar el impulso positivo que tú deseas darle?

PARA DEBATIR EN GRUPO

Con respecto a la disciplina correctiva, la mayoría de los padres se van a los extremos se comportan demasiado estrictos o demasiado consentidores, a menudo sin darse cuenta. Analiza el origen de tu estilo de orientar a tus hijos contestando a las preguntas siguientes:

- ¿Cuáles eran los métodos que principalmente empleaban mis padres para disciplinarme?

- ¿Qué libros sobre la crianza de hijos he leído que me hayan impresionado con respecto a disciplinar a los niños?

- ¿Qué consejos he escuchado de otros padres que hayan influido en la forma en que disciplino a mis hijos?

Cuéntale a los miembros del grupo tus respuestas y debatan los méritos de estas ideas. Mediante este intercambio con otros, da los pasos necesarios a fin de elaborar modos más efectivos para disciplinar a tus hijos.

Capítulo nueve

EL APRENDIZAJE Y LOS LENGUAJES DE AMOR

1. ¿Qué es lo que más motiva a tu hijo a aprender? ¿Qué es lo que más lo inhibe? Basado en las anteriores respuestas, ¿cómo describirías los puntos fuertes y débiles de tu hijo con respecto al proceso de aprendizaje?

2. ¿Cuáles son los factores más críticos en la vida de tu hijo que han afectado su estructura emocional actual? ¿Cómo consideras que su estado emocional afecta las categorías siguientes: amor propio, seguridad en sí mismo, reacción a la tensión y al cambio, y capacidad de aprender?

3. ¿Cómo afecta el grado de comunicación que tienes con tu hijo su confianza y seguridad en sí mismo, la cual a su vez afecta su motivación para estudiar? ¿Cómo ayuda u obstaculiza el aprendizaje de tu hijo, el énfasis que tú pongas en sus notas? ¿Qué ideas aprendidas en este capítulo te ayudarán a motivar a tu hijo en el próximo semestre?

4. Pregúntale a tu hijo qué habilidades le gustaría aprender. Haz una lista de cada uno de sus intereses y planea

cómo pudieras ayudar en ello mediante algún tipo de enseñanza.

5. ¿De qué modo pudieras estar asumiendo demasiada responsabilidad en el aprendizaje de tu hijo, o muy poca? ¿Cómo puedes alentar a tu hijo, al mismo tiempo que le haces responsable de sus tareas, exámenes y cosas por el estilo? Haz un programa para ayudarlo y alentarlo sin echarte encima sus responsabilidades.

PARA DEBATIR EN GRUPO

El éxito en el aprendizaje se consigue cuando un niño está emocionalmente estable. Esta estabilidad se consigue mejor cuando se llena el tanque emocional de tu hijo con amor. Deja que el grupo exponga sus ideas acerca de lo que un padre puede hacer para mejorar el aprendizaje, si el lenguaje de amor primario de un niño es el tiempo dedicado. Haz lo mismo con otros lenguajes de amor. Puede que desees tomar notas acerca de estas ideas que se debaten.

Capítulo diez

LA IRA Y EL AMOR

1. Piensa en una causa justa que te encolerizó y te motivó a entrar en acción. ¿En qué sentido fue adecuada tu ira y canalizada hacia un resultado positivo? ¿En qué se diferencia ésta de la cólera destructiva o "egoísta"?

2. ¿Cómo te calificarías en términos de dominar tu ira? ¿Cómo influye esto en tus hijos con respecto a su propia cólera? ¿Cómo podrías mejorar tanto al controlar tu ira como en enseñar a tus hijos a hacerlo de la misma forma? ¿Piensas que has fracasado en gran medida al enseñarle a tus hijos cómo dominar la cólera? ¿Por qué o por qué no?

3. En una escala de uno a diez, evalúa la integridad de tu hijo en los aspectos siguientes: honestidad, cumplimiento de promesas, y responsabilidad personal. Ahora observa la expresión (o ausencia de expresión) de la cólera y cómo pudiera relacionarse a estos aspectos. Toma el número más bajo de los anteriores y debate con tu pareja cómo puede mejorar la conducta de tu hijo el saber dominar su ira.

4. Lleva aparte a tu hijo después de hacer algo bueno por él o de haberse divertido juntos. Dile que es una "sesión de quejas" y aliéntale a que te cuente cualquier

cosa que le produzca ira, tristeza. desilusión o desengaño. Permítele que hable con toda la sinceridad y vehemencia posible, usando palabras y sentimientos fuertes. Prométele que tratarán juntos de resolver esos problemas.

PARA DEBATIR EN GRUPO

Debatan formas de tratar con tu hijo durante los períodos de desacuerdo. Cómo puedes comprender y amar mejor a tu hijo mientras conservas tu autoridad como padre. Idea estrategias para escucharlo atentamente, evaluando adecuadamente sus juicios, y para explicarle cuidadosamente tus decisiones. Deja que el grupo cuente ejemplos y veces en que han fracasado en aplicar estas estrategias o veces en que han tenido éxito.

Capítulo once

CÓMO HABLAR LOS LENGUAJES DE AMOR EN LAS FAMILIAS DE UN SOLO PADRE (O MADRE)

(Estas preguntas se relacionan con padres solitarios únicamente)

1. Haz una lista de todos los traumas que te presionan en tu relación amorosa con tus hijos, producidos por el criarlos solo. Cómo han afectado tu capacidad de hablar el lenguaje de amor primario de tu hijo, y qué puedes hacer para mejorar la situación? (Incluye tiempo, presiones económicas y sociales, así como tensiones personales.)

2. Ahora enumera algunos de los sentimientos que tu hijo ha experimentado a causa del padre que le falta o está lejos: miedo, cólera, ansiedad, rechazo, culpa, etc. ¿Cómo puedes emplear el lenguaje de amor primario de tu hijo para ayudar a aliviar el dolor en cada caso?

3. Los hijos de un padre solitario necesitan cuidados especiales, y eso significa dar más de ti mismo en ciertos aspectos. Ten en cuenta modos en que puedas hacer más fácil el proceso de la congoja escuchándolo,

reconociendo el dolor, y dejando que las emociones se expresen y se acepten.

4. Muchos hijos de padres solitarios tienen gran éxito a la larga: a fuerza de trabajo duro, dedicación, y una actitud positiva. Celebra las cosas positivas que hayas hecho a lo largo de los años para salir adelante con la difícil tarea de criar solo a un hijo. ¿Cómo puedes aprovechar mejor tus fuerzas? Toma la resolución de mejorar al menos un aspecto débil.

5. Tus hijos necesitan modelos que imitar y padres sustitutos. ¿Cuál de los parientes o amigos puede ayudar a llenar este vacío en la vida de tu hijo? ¿Qué sugerencias de este capítulo puedes emplear para localizar adultos que puedan hacer un impacto positivo en sus vidas?

PARA DEBATIR EN GRUPO

Comenta en qué forma tú, como padre solitario, puedes ser víctima de tu propia necesidad de amor, aceptación, logros y esas cosas. ¿Cómo pueden aprovecharse de ti tu empleador, padres, amigos o incluso tus hijos? ¿Qué puedes hacer para impedirlo?

Permite que los miembros del grupo cuenten los modos en que el hablar el lenguaje de amor primario de sus hijos, ha provocado un cambio en la actitud o comportamiento de éstos.

Capítulo doce

HABLANDO LOS LENGUAJES
DE AMOR
EN EL MATRIMONIO

1. Basándote en la información encontrada en este capítulo, ¿cuál es tu propio lenguaje de amor primario? ¿Cuál es el de tu pareja? Conversen entre sí la forma en que mejor pueden llenarse mutuamente sus tanques de amor.

2. Examina las maneras en que puedes haber estado hablando tu propio lenguaje de amor cuando has tratado de complacer a tu pareja. Haz una lista de las formas específicas en que pudieras hablar el lenguaje de amor primario de tu cónyuge. Practica este nuevo lenguaje tanto como puedas durante el mes próximo.

3. ¿Pudiera ser que las dificultades que tienen ambos giren en torno a que hablan diferentes lenguajes de amor? Piensa en el impacto de no comprender el lenguaje de amor primario de cada cual, de fracasar en hablarlo con regularidad, o de emplearlo al revés de como debieras, tal como cuando criticas a un cónyuge cuyo lenguaje de amor primario son las palabras de

afirmación. ¿Cómo pudieran satisfacerse las necesidades de ambos de un modo armonioso?

4. Sé franco con tu pareja y habla de las ocasiones en que tu tanque de amor ha estado medio vacío. Explícale por qué esto pudiera no ser negligencia, sino tan sólo incomprensión de las necesidades mutuas. Descríbele, lo más detalladamente posible, cómo tú te sientes amado, según sea tu lenguaje de amor primario.

5. Piensa en las necesidades de tu cónyuge. Después haz sugerencias y permite que tu pareja reaccione hasta asegurarte de que has interpretado correctamente sus sentimientos, en lo que respecta a qué puede hacerle sentirse amado. Escoge tres formas en que procurarás satisfacer las necesidades de tu cónyuge en la semana que viene.

PARA DEBATIR EN GRUPO

Conversa con otras parejas acerca de maneras originales y únicas en que puedes expresarle tu amor a tu pareja en su lenguaje de amor primario. Permite que las parejas cuenten ejemplos de cómo el hablar el lenguaje del otro ha marcado una diferencia en sus relaciones. Alienta a las parejas a contar cuánto se esfuerzan en aprender cómo hablar el lenguaje de amor de su cónyuge.

Si estás interesado en información acerca de otros libros escritos desde una perspectiva bíblica, escribe a la siguiente dirección:

Northfield Publishing
215 West Locust Street
Chicago, IL.60610